财务会计类专业大数据课程系列规划教材

财务大数据基础

主　编　张　勇　李　利　谢计生
副主编　戚筱伊　仇亚琴

苏州大学出版社
Soochow University Press

图书在版编目(CIP)数据

财务大数据基础 / 张勇, 李利, 谢计生主编. — 苏州：苏州大学出版社, 2024.1(2024.10 重印)
ISBN 978-7-5672-4510-5

Ⅰ. ①财… Ⅱ. ①张… ②李… ③谢… Ⅲ. ①财务管理—数据处理—高等职业教育—教材 Ⅳ. ①F275

中国国家版本馆 CIP 数据核字(2023)第 154719 号

财务大数据基础

张 勇 李 利 谢计生 主编

责任编辑 征 慧

苏州大学出版社出版发行
(地址：苏州市十梓街1号 邮编：215006)
苏州市古得堡数码印刷有限公司印装
(地址：苏州市高新区御前路1号3幢 邮编：215011)

开本 787 mm×1 092 mm 1/16 印张 14.5 字数 353 千
2024 年 1 月第 1 版 2024 年 10 月第 2 次修订印刷
ISBN 978-7-5672-4510-5 定价：49.00 元

图书若有印装错误，本社负责调换
苏州大学出版社营销部 电话：0512-67481020
苏州大学出版社网址 http://www.sudapress.com
苏州大学出版社邮箱 sdcbs@suda.edu.cn

前言

财务的未来是信息化、自动化、数字化和智能化,"大智物移云"(大数据、智能化、物联网、移动互联网和云计算)技术的快速发展,促使未来成为一个"万物互联、无处不在、虚实结合、智能计算、开放共享"的智能时代。在这样的时代背景之下,财务技术工具逐步革新,财务工作模式也悄然改变,传统财务将逐步向自动化、数字化和智能化转型。随着财务机器人的兴起,简单、重复的初级财务工作将被逐渐取代。大数据是海量数据的集合,其来源是世界各地随时产生的数据。在大数据时代,任何微小的数据都可能产生不可思议的价值。大数据分析以数据采集、数据清洗、数据存储、数据挖掘、数据分析、数据可视化为核心,正在广泛地应用于金融、通信、医疗、城市管理等众多领域。

当前,大数据已上升为国家战略,成为国家的重要基础性战略资源。自2014年以来,"大数据"连续七年进入国务院政府工作报告。2020年4月9日,中共中央、国务院颁布的《关于构建更加完善的要素市场化配置体制机制的意见》中提出了"加快培育数据要素市场",同年5月,12项大数据国家标准正式发布,大数据成为推动经济社会发展的新引擎。在大数据时代,财务人也应积极尝试新兴技术,促进财务数字化转型,帮助企业提升经营能力、洞察商机并预测未来。

本书以理论知识与实际操作相结合,以科云智慧云平台为依托,以大数据分析通用流程为基础,聚焦于财务大数据分析工具方法。本书涵盖了 Python 基础、数据获取(爬虫)、数据处理(Pandas)、数据可视化(Matplotlib & Pyecharts)及实战演练五个项目。在内容设计中穿插了财务案例与编程练习,通过将 Python 数据分析工具与具体的财务场景相融合,培养学生应用 Python 进行财务大数据分析的能力。

本书具有以下特点:

1. 对接财经专业群,助力财务大数据人才培养

本书贴合财经专业群教学现状,基于"数据智能"的时代要求,为财经专业群搭建计算机程序设计语言(Python)学习的桥梁,让财经专业群的师生在校即可接触计算机脚本语言并利用智能化手段完成财务大数据分析工作,为培养财务大数据人才铺路。

2. 示例丰富,贴近财务场景

本书提供了丰富的代码示例,针对每段代码均配有详细解释,便于读者清晰理解代码含义。书中示例大多选自财务工作中的各类场景,力求做到编程场景化,提高读者运用 Python 语言进行财务大数据分析、解决实际工作问题的能力,丰富实战操作经验。

3. 零基础也学无忧,开启财务大数据学习之路

本书专门针对零基础的财会专业学员,无须担心学习难度,零基础也可以直接上手。针对财务大数据方面的内容逐步掌握 Python 语言的使用,并学会应用其进行数据采集、数据清洗、数据分析、数据可视化等大数据分析步骤。

本书由江苏联合职业技术学院与厦门科云信息科技有限公司联合主持编写,由江苏联合职业技术学院徐州财经分院张勇、李利和厦门科云信息科技有限公司谢计生担任主编,制定编写大纲,设计教材体例,提出编写方案并统稿、总纂,由江苏联合职业技术学院徐州财经分院戚筱伊和江苏联合职业技术学院泰兴分院仇亚琴担任副主编。具体分工:"项目一　Python 基础"由李利编写;"项目二　数据获取"由张勇编写;"项目三　数据处理"由谢计生编写;"项目四　数据可视化"由戚筱伊编写;"项目五　实战演练"由戚筱伊和仇亚琴编写。全书由江苏联合职业技术学院徐州财经分院李辉教授主审。

本书是在江苏联合职业技术学院领导的关心、支持和指导下立项编写而成的。在编写过程中得到了很多老师提出的宝贵修改意见,同时,我们还参考了社会上最新的财务大数据教研成果,在此一并表示衷心感谢。

本书主要适用于高等职业教育财经类专业,也适用于中等职业教育财经类专业,还可以作为会计技能大赛的学习用书。由于编者理论水平与实践经验有限,书中难免有疏漏和不当之处,恳请专家、学者和广大读者批评、指正。

目录

项目一　Python 基础　001

  任务一　财务大数据认知　001
  任务二　数据类型　014
  任务三　流程控制　038
  任务四　函数和参数　061

项目二　数据获取　084

  任务一　爬虫概述　085
  任务二　运用爬虫工具获取数据　087

项目三　数据处理　097

  任务一　数据分析入门　097
  任务二　Pandas 数据清洗　128
  任务三　Pandas 数据特征分析　140
  任务四　Pandas 数据规整　149

项目四　数据可视化　　　　　　　　　　　　160

　　任务一　Matplotlib　　　　　　　　　160
　　任务二　Pyecharts　　　　　　　　　178

项目五　实战演练　　　　　　　　　　　　202

　　任务一　实战演练1　　　　　　　　　202
　　任务二　实战演练2　　　　　　　　　208
　　任务三　实战演练3　　　　　　　　　215
　　任务四　实战演练4　　　　　　　　　218

项目一　Python 基础

项目描述

财务大数据应用是依托海量结构化和非结构化的数据,利用大数据技术对数据进行分析,提炼出辅助企业进行战略决策的有用信息,使数据真正成为有价值的企业数字资产的统称。本项目介绍 Python 的开发与运行环境,同时讲解使用 Python 的基本语言。通过学习本项目,读者能够了解 Python 的开发环境,掌握 Jupyter Notebook 的基本操作,迈入 Python 财务大数据分析的世界。

学习目标

1. 了解 Jupyter 交互式开发环境。
2. 掌握 Jupyter Notebook 的基本使用方法。
3. 了解大数据分析工具 Python 语言及主要数据分析库。

任务一　财务大数据认知

任务描述

大数据是一种需要运用专门技术来处理才能发挥其强大决策力、洞察发现力和流程优化力的信息资产,这种数据集合的规模大到无法使用传统数据处理方法来获取、储存、管理和分析。因此要发挥大数据的作用,必须提高运用大数据技术解决问题的相关能力。

认识 Python 基础

知识技能

一、大数据分析语言

（一）Python 语言

Python 是一种计算机程序设计语言,是一种高层次的结合了解释性、编译性、互动性和面向对象的脚本语言。

财经大数据分析环境准备

Python 语言的特点如下。

➢ 易学、易读、易维护。语法简单,接近自然语言,代码可读性高,易于学习,源代码容易维护。

➢ 丰富的库。拥有强大的标准库及许多高质量的第三方库。

➢ 互动模式。可从终端输入执行代码并得到结果,互动测试和调试代码片段。

➢ 开源、免费。允许自由发布软件的备份、阅读和修改其源代码,将其一部分自由地用于新的自由软件中。

(二)主要数据分析库

Python 官方提供了许多标准库和许多高质量的第三方库,应用其丰富的资源即可解决各类问题,本书主要介绍与数据分析相关的常用第三方库,具体如下。

➢ Requests:一个功能强大的网络请求库,可请求网站获取网页上的数据。

➢ Pandas:为解决数据分析任务而创建,提供了快速便捷处理数据的大量函数和方法。

➢ Matplotlib:使用率非常高的基础绘图库,仅需几行代码,即可生成许多高质量图形。

➢ Pyecharts:是一款将 Python 与 Echarts 相结合的数据可视化工具,可以高度灵活地配置,轻松搭配出精美的视图。

二、Jupyter 开发环境

(一)Jupyter 简介

Jupyter 是一个支持多语言的开源交互式开发环境,便于分步执行和显示结果,也十分利于展示。在数据分析、数据可视化、机器学习和教学等领域有着广泛的应用。

Jupyter 为编写 Python 程序提供了一个环境,打开 Jupyter Notebook,即可在其中编写代码、运行代码、查看输出、可视化数据并查看结果。Jupyter Notebook 本质上是一个笔记本,可以将代码、带格式的文本、图片等整合在一个文档中。

Jupyter Notebook 的优点如下。

➢ 便于代码分块运行。

➢ 运行的结果可自动保存,无需重复运行代码。

➢ 具有交互性并且适合探索性编程。交互性即有问有答,输入代码便返回运行结果;编写代码的过程就是一个反复试验、不断探索的过程,Jupyter Notebook 可直接在单个模块中打印数据进行查看,便于代码调试。

(二)Jupyter 使用技巧

1. 新建文件

如图 1-1-1 所示,单击右上角的【New】按钮,在下拉菜单中,选择【Python 3】可新建 notebook 文件,选择【Folder】可新建文件夹。

项目一　Python 基础

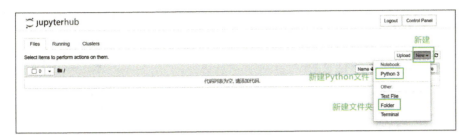

图 1-1-1　新建文件

选择【Python 3】创建文件后，可看到如图 1-1-2 所示的页面。
➢ 菜单栏、工具栏：可根据各选项相关提示进行操作。
➢ 重命名：单击顶部的【Untitled】可对文件重命名（图 1-1-2）。
➢ 单元格：在单元格中编写、运行代码。

图 1-1-2　重命名文件

2. 编写代码

如图 1-1-3 所示，在单元格中即可编写代码，编写完毕后，可单击工具栏中的【运行】按钮运行代码，也可使用快捷键（Ctrl + Enter）运行当前单元格，此时，单元格处于"编辑模式"，右上角出现铅笔图标，单元格边框线呈绿色。

图 1-1-3　编辑模式

如图 1-1-4 所示，运行单元格后，铅笔图标消失，单元格左侧边框线呈蓝色，单元格下方展示代码运行结果，此时，单元格处于"命令模式"。

图 1-1-4　命令模式

003

如图 1-1-5 所示，单元格运行完毕后，会被编号（左侧显示 In［1］:），编号可以让我们知道运行的代码及其运行的顺序。

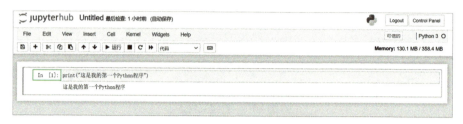

图 1-1-5　代码及其运行的顺序

3. 菜单栏

菜单栏如图 1-1-6 所示。

图 1-1-6　菜单栏

【File】：可以用来打开和存储文件，也可对文件重命名等，执行【File】→【Download as】命令，在打开的快捷菜单中可将 Jupyter Notebook 创建的 notebook 保存为其他类型的文件，如 Markdown（.md）、Notebook（.ipynb）、Python（.py）等格式，具体如图 1-1-7 所示。

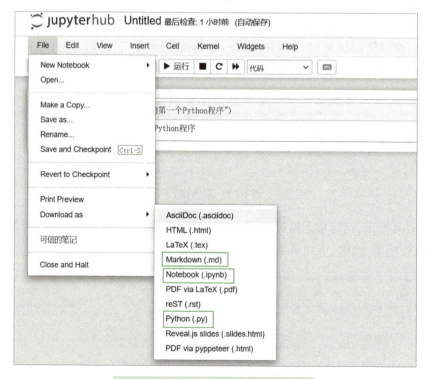

图 1-1-7　将文件保存为其他格式

【Edit】：编辑单元格，如剪切、复制、粘贴、删除单元格等，其中许多功能都可以使用快捷键来实现。

【View】：选择不同方式展示文件。

【Insert】：插入单元格。

【Cell】：选择运行当前单元格、运行当前单元格之前或之后的内容。

【Kernel】：中断或重启程序。

【Help】：按钮中的【Keyboard Shortcuts】：可以查看快捷键。

4. 工具栏

工具栏如图 1-1-8 所示。

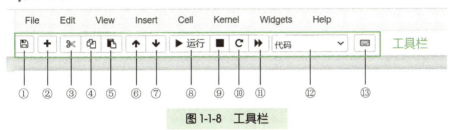

图 1-1-8　工具栏

工具栏中各按钮所对应的功能依次为：① 保存（notebook 具有自动保存功能，默认 2 分钟后会自动保存）；② 在下方插入单元格；③ 剪切单元格；④ 复制单元格；⑤ 粘贴单元格到下方；⑥ 将选中的单元格上移；⑦ 将选中的单元格下移；⑧ 运行当前单元格；⑨ 中断系统；⑩ 重启系统；⑪ 重启并运行所有代码；⑫ 单元格功能选择；⑬ 打开命令配置。

如图 1-1-9 所示，单元格除编写代码之外，还可设置标题、编写文档，可根据需要选择不同功能（【Markdown】用于文本编辑）。

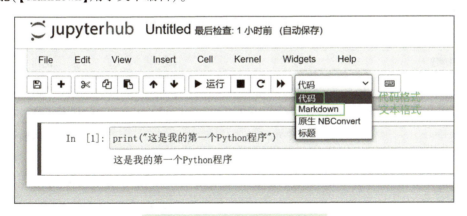

图 1-1-9　设置标题、编写文档

5. 停止运行

返回 Jupyter 主界面，可以看到顶部的选项卡。

【Files】：用于管理和创建文件相关类目，可勾选文件进行复制、重命名、移动、下载、查看、编辑、删除等操作。

【Running】：单击该选项卡会列出所有正在运行的文件，可在该选项卡中管理这些文件。

文件带有绿色的笔记本标志，代表正在运行的文件，如需关闭，可在【Files】选项卡中勾选需要关闭的文件，单击【Shutdown】按钮即可，如图 1-1-10 所示。

图 1-1-10　【Shutdown】按钮

也可以在【Running】选项卡中单击【关闭】按钮，如图 1-1-11 所示。

图 1-1-11　【关闭】按钮

需要注意的是，只有停止运行才能真正关闭一个文件，停止运行后的笔记本图标为灰色。

6. 快捷键

（1）命令模式的快捷键（表 1-1-1）。

表 1-1-1　命令模式的快捷键

快捷键	说明	快捷键	说明
Enter	转入编辑模式	4	设定 4 级标题
Shift+Enter	运行本单元，选中下个单元	5	设定 5 级标题
Ctrl+Enter	运行本单元	6	设定 6 级标题
Alt+Enter	运行本单元，在其下插入新单元	V	粘贴到下方单元
Y	单元转入代码状态	Z	恢复删除的最后一个单元
M	单元转入 markdown 状态	D,D	删除选中的单元
R	单元转入 raw 状态	Shift+M	合并选中的单元
1	设定 1 级标题	Ctrl+S	保存当前 NoteBook
2	设定 2 级标题	S	保存当前 NoteBook
3	设定 3 级标题	L	开关行号

续表

快捷键	说明	快捷键	说明
O	转换输出	C	复制选中的单元
Shift+O	转换输出滚动	Shift+V	粘贴到上方单元
Up	选中上方单元	Esc	关闭页面
K	选中上方单元	Q	关闭页面
Down	选中下方单元	H	显示快捷键帮助
J	选中下方单元	I,I	中断 NoteBook 内核
Shift+K	连续选择上方单元	0,0	重启 NoteBook 内核
Shift+J	连续选择下方单元	Shift	忽略
A	在上方插入新单元	Shift+Space	向上滚动
B	在下方插入新单元	Space	向下滚动
X	剪切选中的单元	—	—

（2）编辑模式下的快捷键（表1-1-2）。

表1-1-2 编辑模式下的快捷键

快捷键	说明	快捷键	说明
Tab	代码补全或缩进（输入首字母+Tab 键）	Ctrl+Up	跳到单元开头
Shift+Tab	提示（输出帮助信息,部分函数、类、方法等会显示其定义原型）	Ctrl+End	跳到单元末尾
Ctrl+/	注释整行/撤销注释	Ctrl+Down	跳到单元末尾
Ctrl+]	缩进	Ctrl+Left	跳到左边一个字首
Ctrl+[	解除缩进	Ctrl+Right	跳到右边一个字首
Ctrl+A	全选	Ctrl+Backspace	删除前面一个字
Ctrl+Z	撤销	Ctrl+Delete	删除后面一个字
Ctrl+Shift+Z	重做	Esc	切换到命令模式
Ctrl+Y	重做	Ctrl+M	切换到命令模式
Ctrl+Home	跳到单元开头	Shift+Enter	运行本单元,选中下一单元
Ctrl+Enter	运行本单元	Ctrl+S	保存当前 NoteBook
Alt+Enter	运行本单元,在下方插入一单元	Shift	忽略
Ctrl+Shift+-	分割单元	Up	光标上移或转入上一单元
Ctrl+Shift+Subtract	分割单元	Down	光标下移或转入下一单元

Jupyter 快捷键有许多,可以选择性记忆较常用快捷键,从而提高编写代码的效率。

三、初识 Python 程序

（一）输出单个文本

如果想让计算机输出一句话"这是我的第一个 Python 程序"，如何实现呢？

print( ) 函数用于打印输出，是 Python 中最常见的一个函数，在 print( ) 函数的括号中加上字符串即可输出指定文字。

初识 Python 程序

知识点拨

（1）字符串是 Python 数据类型之一，属于文本数据，使用引号标识（单引号、双引号均可），需要输出文本信息时使用。

（2）Python 中的符号需要在英文状态下输入。

例 1-1-1

```
print('这是我的第一个 Python 程序')
```

运行结果如下：

```
这是我的第一个 Python 程序
```

调用 print( ) 函数，在括号中输入字符串（例 1-1-1 中单引号引起来的文本），即可输出指定文本。

（二）输出多个文本

print( ) 函数可以接受多个文本输出，文本之间用逗号","隔开，print( ) 函数会依次打印每个文本，若遇到逗号","，则输出一个空格。

例 1-1-2

```
print('年初货币资金为','2000','元')
```

运行结果如下：

```
年初货币资金为 2000 元
```

（三）输出数字及计算结果

print( ) 函数也可以用于输出数字或计算结果。

例 1-1-3

```
print(100)
print(100-10)
print('100-10=',100-10)
```

运行结果如下：

```
100
90
100-10=90
```

对于"100-10"，Python解释器会自动计算出结果，而"'100-10='"则是字符串，也就是文本数据，通过字符串与计算式组合输出的方式，可以输出一个完整的等式。

四、程序注释语句

（一）单行注释

简单来说，注释就是批注，是用来向用户提示或解释某些代码的作用或功能，它可以出现在代码中的任何位置，Python解释器在执行代码时会忽略注释，不做任何处理。

如图1-1-12所示的代码，对于初学者而言，很难一眼看出代码的作用。

```
plt.figure(figsize=(8,4),dpi=100)
plt.bar(df_2020['月']-0.2,df_2020['权益净利率'],label='权益净利率',width=0.4)
plt.bar(df_2020['月']+0.2,df_2020['总资产净利率'],label='总资产净利率',width=0.4)
plt.xlabel('月')
plt.ylabel('比率')
plt.title('2020权益净利率&总资产净利率')
plt.xticks(df_2020['月'])
plt.legend()
plt.show()
```

图1-1-12　无注释代码

但是，如果为这段代码添加上注释（图1-1-13），效果就不同了。

```
# 绘制柱状图
# 创建画布
plt.figure(figsize=(8,4),dpi=100)

# 指定数据
plt.bar(df_2020['月']-0.2,df_2020['权益净利率'],label='权益净利率',width=0.4)    # x-0.2: 防止图形重合
plt.bar(df_2020['月']+0.2,df_2020['总资产净利率'],label='总资产净利率',width=0.4)    # x+0.2: 防止图形重合

# 设置标签、标题、刻度、图例
plt.xlabel('月')
plt.ylabel('比率')
plt.title('2020权益净利率&总资产净利率')
plt.xticks(df_2020['月'])
plt.legend()

# 显示图形
plt.show()
```

图1-1-13　有注释代码

注释的最大作用是提高程序的可读性，以便于后续使用时，能够快速理解代码，提高工作效率；此外，在代码调试过程中，当有些代码本次不需要执行，又不能直接删除时，最好的选择就是将这段代码转换成注释。

在Python中注释以#开头，注释快捷键：ctrl+/。

例 1-1-4

```
#这是我的第一个Python程序-单行注释
print('本年净利润为200000元')
```

运行结果如下：

```
本年净利润为200000元
```

(二) 多行注释

当需要写多行注释时，可以使用三个单引号(''')或三个双引号(""")。

例 1-1-5

```
'''
这是我的第一个Python程序
这是一个多行注释
这是一个多行注释
'''
print('本年净利润为200000元')
```

运行结果如下：

```
本年净利润为200000元
```

在三个引号内，可以进行多次换行。

五、变量及变量命名

(一) 什么是变量

变量来源于数学，在 Python 中，变量就类似于数学中的代数方程变量（图1-1-14）。

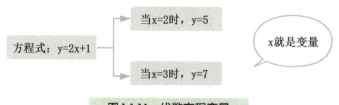

图 1-1-14 代数方程变量

在 Python 中变量不仅可以代表数字，还可以代表任意数据类型，每个变量在使用前都必须赋值，变量赋值以后该变量才被创建，变量赋值使用等号"＝"。

例 1-1-6

```
#创建一个变量amount接收金额
amount=200000

#打印语句
print('本年净利润为',amount,'元')
```

运行结果如下：

本年净利润为 200000 元

在进行变量赋值的过程中，Python的解析器到底是如何处理的呢？下面，通过一个例子来理解变量赋值的过程。

例 1-1-7

```
a='1234'
b=a
a='789'
print(b)
```

此时 print(b)输出的到底是"1234"还是"789"呢？
在给变量赋值后，Python解析器的处理过程如图 1-1-15 所示。

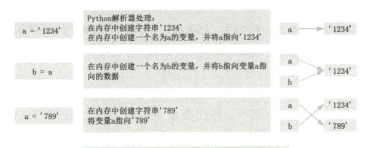

图 1-1-15　Python 解析器处理过程

在 Python 中，变量就相当于一个名字，也可以理解为标签，给变量赋值就相当于将标签贴在一个数据对象上；变量本身是没有任何含义的，它会根据赋值的数据表示不同的意义，重新赋值后，含义就改变了。

知识点拨

在 Python 中无需声明变量的类型，Python 是一种解释型语言，当定义一个变量时，解释器自动完成对变量内存的分配，不需要定义类型。

(二)变量命名规则

变量是一种标识符,在 Python 中标识符包括变量名、函数名、模块名等,标识符的命名规则如下。

➤ 标识符名可使用字母、数字和下划线,且不能以数字开头,在 Python 3 中允许使用汉字命名。

➤ Python 中的标识符需要区分大小写,例如:Name 和 name 是两个不同的变量名。

➤ Python 中的标识符不能使用关键字(保留字)。

Python 中的关键字都有其特定含义,不能作为任何标识符名,具体见表 1-1-3。

表1-1-3 具有特定含义的关键字

关键字	关键字	关键字	关键字	关键字	关键字	关键字
and	False	if	for	def	with	assert
or	True	elif	while	lambda	try	async
not	from	else	break	return	except	await
is	import	None	continue	global	finally	pass
in	as	class	del	nonlocal	yield	raise

当变量名或函数名由两个或多个单词组成时,还可以按照以下方式命名。

➤ 驼峰式命名法(又称小驼峰式命名法),要求第一个单词首字母小写,从第二个单词开始以后的每个单词的首字母都采用大写字母,如:myFirstName、myLastName。

➤ 帕斯卡命名法(又称大驼峰式命名法),要求每个单词首字母大写,如:MyFirstName、MyLastName。

➤ 下划线命名法,要求单词与单词之间通过下划线连接,如:my_first_name、my_last_name。

以上三种命名规范被视为一种惯例,无绝对强制,目的是增加代码的可读性,但是需要注意的是,变量名应当能够描述变量所表示的信息,做到见名知意。

六、输入函数

在例 1-1-5 中通过 print( ) 函数可以输出变量 amount,如果想让用户从计算机输入本年净利润的金额 amount,该如何实现?

input( ) 函数:用于接受一个标准输入数据,返回的数据类型为字符串。

例 1-1-8

```
#创建一个变量 amount 接收用户输入的金额
amount = input()

#打印语句
print(amount)
```

当运行 amount = input( )时,Python 交互式命令行就在等待用户输入(图 1-1-16),输入任意字符后按回车键完成输入,输入的内容就会赋值给变量 amount,通过打印 amount 即可查看输入内容。

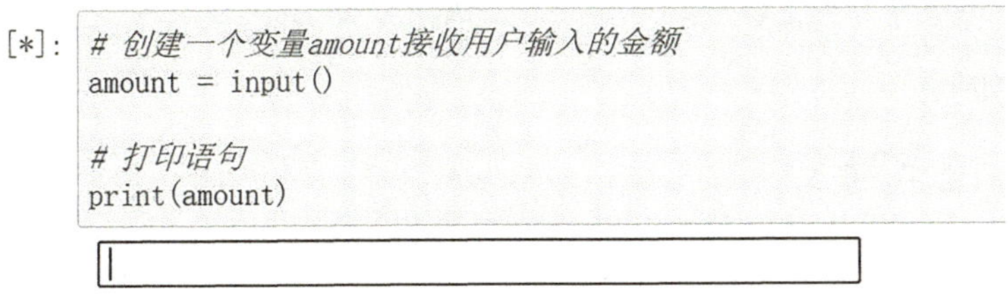

```
[*]:  # 创建一个变量amount接收用户输入的金额
      amount = input()

      # 打印语句
      print(amount)
```

图 1-1-16　输入函数

在输入框中输入信息,按回车键后,运行结果如下:

```
20000
20000
```

在例 1-1-8 中,在运行程序后可以看到一个输入框,但操作人员可能并不知道需要输入什么内容,所以给操作人员一个输入提示就非常重要。那么,具体该如何操作呢？

可以直接在 input( )函数中写入文本,用于输入提示,如例 1-1-9。

例 1-1-9

```
#创建一个变量 amount 接收用户输入的金额
amount=input('请输入本年净利润金额:')

#打印语句
print('本年净利润为',amount,'元')
```

运行程序时,会显示出如图 1-1-17 所示的提示:

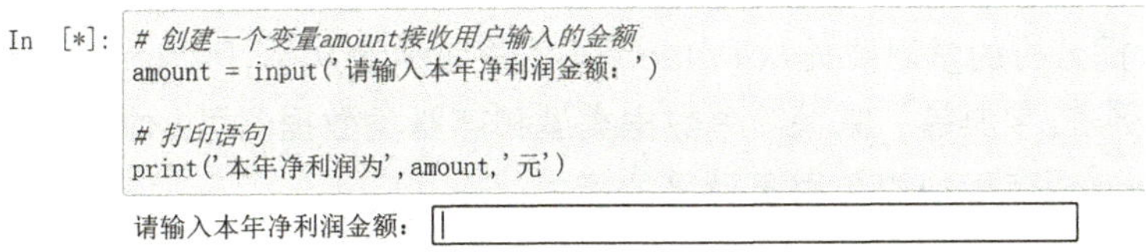

```
In [*]:  # 创建一个变量amount接收用户输入的金额
         amount = input('请输入本年净利润金额: ')
         # 打印语句
         print('本年净利润为', amount, '元')
请输入本年净利润金额:
```

图 1-1-17　例 1-1-9 运行提示

根据文字提示输入信息后回车,运行结果如下:

```
请输入本年净利润金额:20000
本年净利润为 20000 元
```

通过 input( )与 print( )函数的联合使用,可以实现与计算机进行完整对话。

例 1-1-10

```
name=input("请输入你的名字:")
print(name,",你好!")
```

运行结果如下:

```
请输入你的名字:张三
张三,你好!
```

在登录某个网站时,通常需要输入用户名和密码,现在就来编写一段代码打印输出用户输入的信息。

例 1-1-11

```
username=input('请输入用户名:')
password=input('请输入密码:')
print(username,password)
```

运行结果如下:

```
请输入用户名:张三
请输入密码:123456
张三 123456
```

任务二　数据类型

任务描述

Python 数据分析的学习要先从 Python 基础语法知识入手,Python 基础语法包括数据类型、运算符、列表、字典等。掌握简单数据类型和容器类数据类型(列表、字典等)的使用,提高利用 Python 语言解决简单财务计算的能力。

知识技能

一、Python 数据类型

Python 中常见的数据类型有如下几种。
➢ 字符串:主要用于存储文本型数据。
➢ 数值:主要用于存储金额数据,一般是浮点数(小数)。

- 列表：主要用于存储多个有联系的数据，如企业会计科目。
- 元组：类似于列表，但元组内部数据不可变，存储数据更加安全。
- 字典：用于多个有映射关系的数据，如一个科目及对应的科目余额。
- 集合：一组无序且不重复的数据。

在以上常见的数据类型中，字符串和数值是Python中最常用的两种数据类型，列表、元组、字典、集合属于Python中的高级数据类型。

二、数值类型

在Python中，数值类型有如下几种。

- 整型（int）：即整数，Python可以处理任意大小的整数，包括负整数，在程序中的表示方法与数学上一致，比如：1、2、100。
- 浮点型（float）：即小数，如100.12，会计数据一般是保留两位小数的浮点数。
- 布尔值（bool）：只有True和False两个值，可以理解成布尔值是特殊的整型（True=1，False=0），布尔值一般产生于成员运算符、比较运算符、逻辑运算符。

数值类型

三、运算符

Python语言支持多种运算符，常用运算符有如下几种。

- 算术运算符：完成基本算术运算的符号，如加、减、乘、除。
- 赋值运算符：最基本的赋值运算符是"="，用来将一个表达式的值赋给另一个变量。
- 比较运算符：也称关系运算符，用于对常量、变量或表达式的结果进行大小比较。
- 逻辑运算符：主要包括and（与）、or（或）及not（非）。
- 成员运算符：判断一个元素是否在某一个序列中。

（一）算术运算符

假设变量：a=2，b=5，输出结果见表1-2-1。

表1-2-1 算术运算符

运算符	描述	实例
+	加：两个对象相加	a+b 输出结果 7
-	减：得到负数或一个数减去另一个数	a-b 输出结果 -3
*	乘：两个数相乘或是返回一个被重复若干次的字符串	a*b 输出结果 10
/	除：x除以y	b/a 输出结果 2.5
%	取模：返回除法的余数	b%a 输出结果 1
**	幂：返回x的y次幂	a**b 为2的5次方，输出结果32
//	取整除：返回商的整数部分（向下取整）	b//a 输出结果 2

例 1-2-1　本月营业收入为 120 000 元,营业成本为 80 000 元。
要求:计算并打印本月毛利,通过变量赋值接收营业收入、营业成本金额。

```
#创建一个变量 income 接收营业收入值
income=120000

#创变一个变量 cost 接收营业成本值
cost=80000

#计算毛利 grossProfit
grossProfit=income-cost

输出计算结果
print('本月毛利=',grossProfit)
```

运行结果如下:

本月毛利=40000

(二) 赋值运算符

赋值运算符见表 1-2-2。

表 1-2-2　赋值运算符

运算符	描述	实例
=	简单的赋值运算符	c=a+b,将 a+b 的运算结果赋值给 c
+=	加法赋值运算符	c+=a 等效于 c=c+a
-=	减法赋值运算符	c-=a 等效于 c=c-a
*=	乘法赋值运算符	c*=a 等效于 c=c*a
/=	除法赋值运算符	c/=a 等效于 c=c/a
%=	取模赋值运算符	c%=a 等效于 c=c%a
**=	幂赋值运算符	c**=a 等效于 c=c**a
//=	取整除赋值运算符	c//=a 等效于 c=c//a

例 1-2-2　截至本年 11 月,公司累计营业收入为 880 000 元,12 月营业收入发生额为 80 000 元。
要求:使用赋值运算符计算累计营业收入,并打印本年累计营业收入值。

```
#创建一个变量income接收12月营业收入值
income=80000

#创建一个变量accumulatedIncome接收截至11月累计营业收入值(第一次赋值)
accumulatedIncome=880000

#计算累计营业收入(accumulatedIncome第二次赋值)
accumulatedIncome+=income

#打印本年累计营业收入值
print(accumulatedIncome)
```

运行结果如下:

```
960000
```

使用加法赋值运算符可以根据需求更新某一变量的值,经常用于while循环语句,更新初始化变量的值。

(三) 比较运算符

假设变量:a=2,b=5,输出比较结果见表1-2-3。

表1-2-3 比较运算符

运算符	描述	实例
==	等于:比较对象是否相等	(a==b)返回False
!=	不等于:比较两个对象是否不相等	(a!=b)返回True
>	大于:返回x是否大于y	(a>b)返回False
<	小于:返回x是否小于y	(a<b)返回True
>=	大于等于:返回x是否大于等于y	(a>=b)返回False
<=	小于等于:返回x是否小于等于y	(a<=b)返回True

例1-2-3 第一季度营业收入为450 000元、毛利率为20%,第二季度营业收入为500 000元、毛利率为18%。

要求:采用比较运算符">"判断第一季度毛利是否大于第二季度毛利。

```
#创建一个变量grossProfit1接收第一季度毛利值
grossProfit1=450000*0.2
```

```
#创建一个变量grossProfit2接收第二季度毛利值
grossProfit2=500000*0.18

#比较grossProfit1是否大于grossProfit2,并输出比较结果
print(grossProfit1>grossProfit2)
```

运行结果如下：

```
False
```

(四) 逻辑运算符

逻辑运算符见表1-2-4。

表1-2-4　布尔值逻辑运算符

运算符	逻辑表达式	描述	实例
and	x and y	与：x、y均为真则返回True,否则返回False	(True and True)返回True (True and False)返回False (False and False)返回False
or	x or y	或：x、y只要有一个为真则返回True,否则返回False	(True or True)返回True (True or False)返回True (False or False)返回False
not	not x	非：x为真,返回False,x为假,返回True	(not True)返回False (not False)返回True

在逻辑运算中，通常使用布尔值进行运算，若涉及整型和浮点型则遵循以下原则：数字0代表假，即False,其他数字代表真，即True。整型和浮点型逻辑运算符见表1-2-5。

表1-2-5　整型和浮点型逻辑运算符

运算符	逻辑表达式	描述	实例
and	x and y	x为0,返回0,x非0返回y	(0 and 1)返回0 (1 and 0)返回0 (1 and 2)返回2
or	x or y	x非0,返回x,x为0返回y	(1 or 0)返回1 (0 or 1)返回1 (0 or 0)返回0
not	not x	x为0返回True,x非0,返回False	(not 0)返回True (not 1)返回False

例 1-2-4 甲公司绩效考核指标：权益净利率、收入额；

公司年度经营目标：权益净利率超过18%，并且收入超过20 000 000元；

本年度各指标实际执行情况：权益净利率=20%，收入=18 000 000元；

要求：采用逻辑运算符"and"判断甲公司是否完成经营目标。

```
#创建一个变量ROE接收本年实际权益净利率
ROE=0.2

#创建一个变量income接收本年实际收入额
income=18000000

#判断甲公司是否实现年度经营目标,并输出结果
print(ROE>0.18 and income>20000000)
```

运行结果如下：

```
False
```

（五）成员运算符

假设变量：a='利润表和资产负债表'，b='利润表'，c='现金流量表'，输出结果见表1-2-6。

表1-2-6 成员运算符

运算符	描述	实例
in	如果在指定的序列中找到值则返回True，否则返回False	(b in a)：b在a中，返回True
not in	如果在指定的序列中没有找到值则返回True，否则返回False	(c not in a)：c不在a中，返回True

成员运算符通常用于for循环语句搭配使用。

（六）运算优先级

如果只有一种运算符，那么往往可以很轻易地得到结果；如果一个公式中出现了多种运算符，那么计算的优先顺序是怎样的呢？

表1-2-7对Python中运算符的优先顺序进行了总结(从最高优先级到最低优先级)。

表 1-2-7　运算优先级

序号	运算符	描述
1	**	幂运算
2	*、/、//、%	乘、除、取整除、取模
3	+、-	加、减
4	= =、! =、>、<、>=、<=	比较运算符
5	in、not in	成员运算符
6	not	逻辑运算符
7	and	逻辑运算符
8	or	逻辑运算符

和常规的数学运算一样,当存在括号时需要优先计算括号中的内容,但需要注意的是,在 Python 中只有小括号用于运算。根据运算优先级,可以简化成一句记忆口诀:从左往右看,括号优先算,先乘除后加减,再比较,再逻辑。

例 1-2-5

```
#先计算3**3=27,然后计算270/27=10,最后计算120-10=110
print(120-270/(3**3))

#括号优先,故先计算(5 and 2),结果为2,再计算9/3=3,最后计算2+3=5
print((5 and 2)+9/3)

#先计算(5 and 3),结果为3,再计算(0 or 3),结果为3
print(0 or (5 and 3))
```

返回结果:

```
110
5
3
```

四、字符串

(一) 字符串的定义

1. 字符串的定义

字符串(string),即"一串字符",属于文本型数据,是 Python 中最常用的数据类型,字符串是以单引号(')或双引号(")引起来的任意文本,如:

字符串

'这是我的第一个Python程序'、"abcd"。

在定义字符串时需要注意以下几点。
- 单引号和双引号只是一种表示方式,不是字符串的一部分。
- 一个字符串使用哪种引号开头就必须以哪种引号结束。
- 即使是数字,只要用引号引起来,就是字符串,如'1234'是字符串,而1234是整型。

2. 转义字符

如果一个字符串内部存在单引号或双引号该如何处理?

简单的处理方法是:当字符串中存在单引号时,可以使用双引号标识字符串,当字符串中存在双引号时,可以使用单引号标识字符串。

例 1-2-6

```
print("打印'1月份利润表'")
```

运行结果如下:

打印'1月份利润表'

但是如果字符串内部同时包含单引号(')和双引号("),以上方式就不可行了,这时就需要使用转义字符。

转义字符:用"\"标识,在某些字符前加上转义字符即可以表示特别的含义,常用的转义字符见表1-2-8。

表1-2-8 常用的转义字符

转义字符(\)	表示	转义字符(\)	表示
\'	单引号'	\n	换行符
\"	双引号"	\r	回车符,光标移至本行最前
\t	制表符	\\	反斜杠

例 1-2-7 使用转义字符打印输出例1-2-6中的字符串。

```
print('打印\'1月份利润表\'')
```

运行结果如下:

打印'1月份利润表'

但是,如果字符串中出现了跟转义字符一样的文本内容,若不加处理的话,计算机会把它当成转义字符去理解。

例 1-2-8 打印文件路径。

```
print('D:\teacher\note\data')
```

运行结果如下:

```
D:	eacher
ote\data
```

那么如何才能输出一个完整的文件路径呢?
答案就是在字符串前面加 r,告诉 Python 程序,r 后面的字符串是纯字符串,不要转义。

```
print(r'D:\teacher\note\data')
```

运行结果如下:

```
D:\teacher\note\data
```

3. 三引号字符串

通过对转义字符的学习,如果需要在字符串中换行,可以使用换行符(\n)。

例 1-2-9 `print('利润表\n资产负债表\n现金流量表')`

运行结果如下:

```
利润表
资产负债表
现金流量表
```

如果需要换行的地方很多,使用换行符就不便于阅读了,这时,可以使用三个单引号或三个双引号来标识字符串,三引号允许在一个字符串中跨多行。

例 1-2-10

```
print('''利润表
资产负债表
现金流量表''')
```

运行结果如下:

```
利润表
资产负债表
现金流量表
```

(二) 字符串的操作

1. 索引

字符串是一种序列(序列即按顺序排列的值,Python 中内置的序列类型包括字符串、列表、元组），序列中每个元素都有自己特定的序号，这种序号称为索引。在 Python 中序列有两种索引方式：正索引和负索引。

> 正索引：从左到右，默认从 0 开始，最大范围是字符串长度少 1。
> 负索引：从右到左，默认从 -1 开始，最大范围是字符串开头。

例如，创建一个字符串"税金及附加"，它的正负索引如图 1-2-1 所示。

正索引	0	1	2	3	4
字符串	税	金	及	附	加
负索引	-5	-4	-3	-2	-1

图 1-2-1 索引

2. 字符串操作

假设变量：a='应收账款'，b='坏账准备'，字符串常规操作见表 1-2-9。

表 1-2-9 字符串操作

操作符	描述	实例	结果
+	字符串连接，只能将字符串与字符串拼接	a+b	'应收账款坏账准备'
*	重复输出字符串	a*2	'应收账款应收账款'
[ ]	通过索引获取字符串中字符	a[2]	'账'
[:]	截取字符串中的一部分（又叫"切片"）	a[1:3]	'收账'
in	成员运算符：如果字符串中包含给定的字符，则返回 True	'坏账' in b	True
not in	成员运算符：如果字符串中不包含给定的字符，则返回 True	'资金' not in b	True

需要注意的是，在截取字符串时，截取区间前闭后开，即前面是闭区间，后面是开区间，前面的字符包含，而后面的字符不包含。

知识点拨

序列支持索引和切片操作，列表和元组都是序列，与字符串的索引方式相同。

例 1-2-11 创建字符串 str1="你好,小王"，并将 str1 中的小王替换为小明。

str1="你好,小王"
print(str1[0:3]+"小明")

运行结果如下：

你好,小明

3. 字符串常用函数

假设变量：a='Title：利润表',字符串常用函数见表1-2-10。

表1-2-10　字符串常用函数

常用函数	描述	实例	结果
find( )	检测字符串是否包含子字符串,如果是,则返回子字符串开始的索引值,否则返回-1	a.find('利润表')	6
join( )	用于将序列中的元素以指定分隔符连接成一个新字符串	'/'.join(a)	'T/i/t/l/e/：/利/润/表'
lower( ) upper( )	用于将字符串大小写转换	a.lower( ) a.upper( )	'title：利润表' 'TITLE：利润表'
len( )	返回序列长度或项目个数	len(a)	9
replace( )	将字符串中的旧字符串替换成新字符串	a.replace('利润表','资产负债表')	'Title：资产负债表'
split( )	将字符串分割成序列,通过指定分隔符对字符串进行切片	a.split('：')	['Title','利润表']
strip( )	用于移除字符串头尾指定的字符（默认为空格）	a.strip('表')	'Title：利润'
startswith( )	是否以某字符开始	a.startswith('T')	True
endswith( )	是否以某字符结束	a.endswith('表')	True
count( )	统计字符出现过的次数	a.count('T')	1
index( )	获取指定字符索引	a.index('T')	0

字符串的操作函数有许多,应用场景也很多,例如在进行数据清洗时,我们可以将需要清洗的数据转换成字符串,再进行操作。

例 1-2-12　创建字符串str2='#营业收入#：500　#万元#',使用replace( )函数清除str2中的"#"及空格,并打印字符串。

```
Str2='#营业收入#：500  #万元#'
Str2=str2.replace('#','').replace(' ','')
print(str2)
```

运行结果如下：

营业收入：500万元

例 1-2-13 创建字符串 str3 = '营业收入：500 万元'，使用 split( ) 函数将 str3 中的科目与金额分离。

```
str3='营业收入：500 万元'
str3.split('：')
```

运行结果如下：

```
['营业收入', '500 万元']
```

（三）字符串的格式化

在例 1-2-11 中，通过对字符串 str1 ="你好,小王" 进行切片和连接操作，完成了名字的替换，当文本较短时，可以直接调用 print( ) 函数重复打印输出，但当文本较长时，直接打印输出效率便很低，这时就可以使用字符串格式化的方法。

字符串的格式化

格式化字符串是指在创建字符串时使用占位符，然后再对占位符进行赋值。

格式化字符串的作用：随着赋值内容的变化，能够重复输出固定格式但内容不同的文本。

Python 中格式化字符串的方法有两种，一种是使用 % 进行占位，另一种是使用 {} 进行占位。

1. 使用 % 占位

常用的字符串格式化符号有以下几种。

➢ %s：在字符串中表示任意字符。
➢ %f：浮点数占位符。
➢ %d：整数占位符。

例 1-2-14

```
str4="你好,%s,欢迎来到财务大数据分析的世界!"
print(str4%("小明"))
print(str4%("小红"))
```

运行结果如下：

```
你好,小明,欢迎来到财务大数据分析的世界!
你好,小红,欢迎来到财务大数据分析的世界!
```

> **知识点拨**
>
> 后续学习循环语句后，格式化输出会变得更加容易！
>
> 格式化字符串还可以搭配 input( ) 函数，见例 1-2-15。

例 1-2-15

```
name=input("请输入您的名字：")
course=input("请输入您选修的课程：")
print("%s 您好,您已成功选修%s,请准时参加!"%(name,course))
```

运行结果如下：

请输入您的名字：小明
请输入您选修的课程：财务大数据基础
小明您好,您已成功选修财务大数据基础,请准时参加!

也可以将会计信息格式化输出,见例 1-2-16。

例 1-2-16

```
print('本年%d月份%s科目发生额是%d元'%(3,'主营业务收入',20000))
```

运行结果如下：

本年 3 月份主营业务收入科目发生额是 20000 元

在会计核算中,金额一般要保留两位小数,该如何实现呢?
%.xf：表示精确至小数点后 x 位。

例 1-2-17

```
print('本年%d月份%s科目发生额是%.2f元'%(3,'主营业务收入',20000.123))
```

运行结果如下：

本年 3 月份主营业务收入科目发生额是 20000.12 元

2. 使用{}占位

另一种格式化字符串的方法是 str.format( ) 函数,使用{}进行占位;在格式化时,可以指定参数名、索引。

例 1-2-18

```
#不设置指定位置,按默认顺序
print('{}科目发生额是{}元'.format('主营业务收入',20000))

#设置指定位置,从 0 开始
print('{1}科目发生额是{0}元'.format(20000,'主营业务收入'))
```

```
#数字格式化,金额保留2位小数
print('{}科目发生额是{:.2f}元'.format('主营业务收入',20000.123))

#设置关键字参数
print('{account}科目发生额是{amount}元'.format(account='主营业务收入',amount=20000))

#关键字参数数字格式化
print('{account}科目发生额是{amount:.2f}元'.format(account='主营业务收入',amount=20000.123))
```

运行结果如下:

```
主营业务收入科目发生额是20000元
主营业务收入科目发生额是20000元
主营业务收入科目发生额是20000.12元
主营业务收入科目发生额是20000元
主营业务收入科目发生额是20000.12元
```

五、高级数据类型

(一)列表

1. 列表的定义

在Python中,数值用来存储单个数字,字符串用来存储任意文本,那么如果有很多个数据(如100个会计科目、12个月的收入金额),该如何存储呢?

对于多个数据,可以使用列表进行存储。

列表(list):可以将多个数据打包,存储成一种数据类型。用[ ]标识,支持数字、字符串,并且可以包含列表(嵌套)。简单来说,列表就像一个容器,可以存放不同类型的数据,列表是Python中最通用的复合数据类型。

列表是一种有序的集合,可以随时添加和删除其中的元素,列表中的元素用逗号分隔。

高级数据类型——列表、元组

例 1-2-19 创建列表。

```
#创建一个列表存储会计科目
account=['库存现金','银行存款','其他货币资金','应收票据','应收账款']
```

```
#创建一个列表存储金额
amount=[2000,3000,4000,20000,30000]

#括号中什么也没写,代表创建的是一个空列表
list1=[]

#列表中可以存储不同的数据类型
list2=['库存现金',1000,'银行存款',30000]

#列表中也可以嵌套一个子列表(此时 list3 中只有 3 个元素)
list3=['库存现金',1000,['银行存款',30000]]
```

2. 列表操作

与字符串一样,列表中的每个元素都对应一个索引号,可以对列表进行拼接、重复输出、获取、截取等操作。假设:list1=[1,2,3,4],list2=[5,6,7],列表操作见表1-2-11。

表 1-2-11　列表操作

操作符	描述	实例	结果
+	拼接	list1+list2	[1,2,3,4,5,6,7]
*	重复	list1*2	[1,2,3,4,1,2,3,4]
[ ]	获取	list1[3]	4
[:]	截取(切片)	list1[0:3]	[1,2,3]
in	成员运算符	1 in list1	True
not in	成员运算符	5 not in list1	True

例 1-2-20　获取例 1-2-19 中 list3 的子列表。

```
#访问子列表
print(list3[2])

#访问子列表中的元素
print(list3[2][0])
```

运行结果如下:

```
['银行存款', 30000]
银行存款
```

例 1-2-21 通过索引修改例 1-2-19 中指定位置的元素。

```
list3[0]='应收账款'
list3
```

运行结果如下：

```
['应收账款', 1000, ['银行存款', 30000]]
```

例 1-2-22 在现行会计准则下,存货发出计价方法有：先进先出法、移动加权平均法、月末一次加权平均法和个别计价法。

要求：(1) 创建一个列表存储存货发出计价方法；
(2) 使用成员运算符"in"判断在现行会计准则下是否允许使用后进先出法。

```
#创建一个列表存储存货发出计价方法
method=['先进先出法','移动加权平均法','月末一次加权平均法','个别计价法']

#成员运算符
'后进先出法' in method
```

运行结果如下：

```
False
```

3. 列表常用函数

创建列表：list1=['销售费用','管理费用','财务费用']
　　　　　list2=[12000,15000,2000]

列表常用函数运行结果见表 1-2-12。

表 1-2-12 列表常用函数

常用函数	描述	实例	结果
len(list)	获取列表中元素的个数	len(list1)	3
list.index(obj)	获取列表中指定元素的索引	list2.index(2000)	2
list.append(obj)	在列表末尾添加新元素	list1.append('投资收益')	['销售费用','管理费用','财务费用','投资收益']
list.insert(index,obj)	将元素插入列表中指定的位置	list2.insert(1,1000)	[12000,1000,15000,2000]
list.extend(seq)	在列表末尾一次性追加另一个序列中的多个值(用新列表扩展原来的列表)	list1.extend(list2)	['销售费用','管理费用','财务费用',12000,15000,2000]

续表

常用函数	描述	实例	结果
list.pop([index=-1])	移除列表中的一个元素（默认最后一个元素），并且返回该元素的值	list1.pop(0)	'销售费用'
list.remove(obj)	移除列表中某个元素的第一个匹配项	list2.remove(15000)	[12000,2000]
list.reverse()	反向列表中元素	list1.reverse()	['财务费用','管理费用','销售费用']
list.sort(cmp=None,key=None,reverse=False)	对原列表进行排序（只能对相同类型的元素进行排序，默认升序）	list2.sort()	[2000,12000,15000]

例 1-2-23 例 1-2-19 中 list3 的元素个数是 3，使用 len( ) 函数进行验证。

```
len(list3)
```

运行结果如下：

```
3
```

列表是四种高级数据类型中应用最多的一种，在进行数据分析时也常常需要使用列表来存储数据。

（二）元组

1. 元组的定义

元组（tuple）和列表类似，也是一种有序集合，列表属于可变有序集合，内部的元素可以增减变动，而元组与列表的不同之处在于元组的元素不能修改。

元组的常用操作符与列表是一致的，由于元组不可变，所以，不能像列表一样使用 append、insert、extend 等函数。

元组使用( )来标识，元素之间用逗号隔开。

例 1-2-24 创建元组。

```
tup1=(8,9)
```

例 1-2-25 修改元组中的元素。

```
tup1[1]=90
```

运行结果如图 1-2-2 所示：

项目一　Python 基础

```
tup1 = (8,9)
tup1[1] = 90
```

```
TypeError                                 Traceback (most recent call last)
<ipython-input-1-308f5d85ea06> in <module>
      1 tup1 = (8,9)
----> 2 tup1[1] = 90

TypeError: 'tuple' object does not support item assignment
```

图 1-2-2　修改元组元素报错

从运行结果可以看到,当尝试修改元组的元素时,程序会报错,这是由于元组属于不可变有序集合,内部元素不能被修改,那么,不可变的元组到底有什么意义呢?

使用元组的优势在于,在定义元组时,其中的元素即被确定,后续无法追加、插入、修改元素,这样使用元组就可以使代码更加安全。

例 1-2-26　创建空元组。

```
tup2 = ()
```

例 1-2-27　创建只有一个元素的元组。

```
tup3 = (1)
```

如果按照以上方式定义只有一个元素的元组,就落入圈套了,调用 type( ) 函数可以返回所传入数据的类型,下面就用 type( ) 函数来查看 tup3 的数据类型:

```
type(tup3)
```

运行结果如下:

```
int
```

从运行结果可以知道,tup3 属于整型,为什么会产生这样的结果呢?

这是因为小括号( )既可以表示元组,也可以表示数学公式中的小括号,定义只有 1 个元素的元组时,若直接使用 tup3 = (1),将会产生歧义,计算机将按照小括号进行计算,tup3 返回的结果是数字 1。

为了消除这种歧义,Python 规定,在定义只有 1 个元素的元组时必须加一个逗号,同样地,Python 在显示只有 1 个元素的元组时也会加上一个逗号,所以,正确的创建方式如下:

```
tup3 = (1,)
type(tup3)
```

运行结果如下:

```
tuple
```

031

(三) 字典

1. 字典的定义

在前面的列表中,有代表科目的列表,也有代表金额的列表,但会计科目和会计金额是有联系的,那么,是否有一种数据类型能够概括这两者的关系,实现通过会计科目即可快速地查找到对应的金额呢?

高级数据类型——
字典、集合、数据
类型转换

字典(dict,全称dictionary):用{ }标识,使用键-值(key-value)存储,相当于保存两组数据,其中一组数据是关键数据,被称为key;另一组数据可通过key来访问,被称为value。key和value之间是一一对应的。

字典的key和value间用冒号隔开。

例1-2-28 创建字典。

```
dict1={'销售费用':12000,'管理费用':15000,'财务费用':12000}
dict2={'销售费用':12000,'销售费用':15000,'财务费用':12000}
```

依次打印输出以上两个字典:

```
print(dict1)
print(dict2)
```

运行结果如下:

```
{'销售费用': 12000, '管理费用': 15000, '财务费用': 12000}
{'销售费用': 15000, '财务费用': 12000}
```

在以上代码中,dict1包含了重复的值12000,dict2包含了重复的键'销售费用',但打印输出时,值可以重复输出,键却不能。这是由于字典的键是唯一的,而值可以不唯一,如果对一个键赋予了多个值,则后者会覆盖前者。

此外,还需要注意的是,字典的键必须是不可变的,所以可以使用数字、字符串、元组作为键,而不能使用列表。

例1-2-29 使用列表作为字典的键。

```
dict3={['销售费用']:12000,['管理费用']:15000,['财务费用']:12000}
print(dict3)
```

运行结果如图1-2-3所示:

```
dict3 = {['销售费用']:12000,['管理费用']:15000,['财务费用']:12000}
print(dict3)
```

```
TypeError                                 Traceback (most recent call last)
<ipython-input-14-9afd087fe7d3> in <module>
----> 1 dict3 = {['销售费用']:12000,['管理费用']:15000,['财务费用']:12000}
      2 print(dict3)

TypeError: unhashable type: 'list'
```

图1-2-3 可变序列列表不可以作为字典的键

由以上运行结果可知,可变序列列表不可以作为字典的键。

2. 字典操作

列表和元组都是序列,而字典不是序列,所以不能对字典做拼接、截取等操作,字典的常规操作如下:

创建字典:D={'销售费用':12000,'管理费用':15000},运行结果见表1-2-13。

表1-2-13 字典常用函数

常用函数	描述	实例	结果
dict[key]	访问字典的值	D['管理费用']	15000
dict[key]=	修改值	D['管理费用']=14000	{'销售费用':12000,'管理费用':14000}
dict[key]=	添加键值对	D['财务费用']=2000	{'销售费用':12000,'管理费用':15000,'财务费用':2000}
del dict[key]	删除键值对	del D['销售费用']	{'管理费用':15000}
del dict	删除字典	del D	删除后,后续脚本引用变量时会报未定义错误
dict.keys()	返回所有键	D.keys()	dict_keys(['销售费用','管理费用'])
dict.values()	返回所有值	D.values()	dict_values([12000,15000])
dict.items()	返回所有键值对	D.items()	dict_items([('销售费用',12000),('管理费用',15000)])

例 1-2-30 甲公司现有产品及单价如下:智能音箱320元/个,蓝牙音箱200元/个;要求:(1)根据现有产品及单价创建字典;(2)为迅速抢占智能音箱市场,公司拟将智能音箱产品降低至280元/个,并推出新产品蓝牙耳机,销售单价为150元/个,根据变动情况更新字典。

```
#创建字典
unitPrice={'智能音箱':320,'蓝牙音箱':200}

#修改智能音箱单价
unitPrice['智能音箱']=280
```

```python
#增加新产品蓝牙耳机
unitPrice['蓝牙耳机']=150

#打印字典
print(unitPrice)
```

运行结果如下：

{'智能音箱': 280, '蓝牙音箱': 200, '蓝牙耳机': 150}

（四）集合

1. 集合的定义

集合(set)：与字典类似，是一组 key 的集合，但不存储 value，由于 key 不能重复，所以在集合中没有重复的 key，集合可以看成数学意义上的无序和无重复元素的集合，集合也是使用{}标识。

例 1-2-31 创建集合。

```python
set1={'销售费用','管理费用',1000,2000,3000}
print(set1)
```

运行结果如下：

{1000, '管理费用', 2000, '销售费用', 3000}

从运行结果可知，集合是无序的，每次输出顺序可能都不相同。

例 1-2-32 创建含有重复元素的集合。

```python
set2={'销售费用','管理费用','管理费用',1000,2000,1000}
print(set2)
```

运行结果如下：

{1000, '管理费用', '销售费用', 2000}

在创建集合时，若传入了重复元素，将自动被过滤。

2. 集合常用函数

集合的两个常用函数如下。
- 添加元素：set.add(key)。
- 删除元素：set.remove(key)。

例 1-2-33 创建一个集合存储资产负债表项目,并进行添加和删除操作。

```
account={'货币资金','应收票据','应收账款'}

#添加应收票据及应收账款
account.add('应收票据及应收账款')

#分别删除应收票据、应收账款
account.remove('应收票据')
account.remove('应收账款')

#输出集合
print(account)
```

运行结果如下:

```
{'应收票据及应收账款','货币资金'}
```

六、数据类型转换

例 1-2-34 接收用户输入的收入值和成本值后计算毛利值。

```
#创建变量income,用于接收用户输入的收入值
income=input('请输入本月收入金额')

#创建变量cost用于接收用户输入的成本值
cost=input('请输入本月成本金额')

#计算毛利
grossProfit=income-cost

#打印输出毛利
print('毛利=',grossProfit)
```

运行结果如图 1-2-4 所示:

```
# 创建变量income用于接收用户输入的收入值
income = input('请输入本月收入金额')

# 创建变量cost用于接收用户输入的成本值
cost = input('请输入本月成本金额')

# 计算毛利
grossProfit = income - cost

# 打印输出毛利
print('毛利=', grossProfit)
```

请输入本月收入金额200000
请输入本月成本金额120000

```
TypeError                                 Traceback (most recent call last)
<ipython-input-17-c81be55982b3> in <module>
      6
      7 # 计算毛利
----> 8 grossProfit = income - cost
      9
     10 # 打印输出毛利

TypeError: unsupported operand type(s) for -: 'str' and 'str'
```

图 1-2-4　运用字符串运算报错

上述案例中使用了 input( ) 函数,它是用于接收一个标准输入数据,返回的数据类型为字符串,如果需要对用户输入的数据进行数值的运算,那么就必须将字符串转换成数值,否则程序就会报错。

Python 中数据类型转换非常简单,只需将数据类型作为函数名即可,这些函数会返回一个新的对象,表示转换的值,具体见表 1-2-14。

表1-2-14　数据转换

函数	描述
int(x)	将 x 转换为一个整数,注意文字类和小数类字符串无法转化为整数,浮点数可以转化为整数(抹零取整)
float(x)	将 x 转换为一个浮点数
str(x)	将对象 x 转换为字符串
list(s)	将序列 s 转换为一个列表
tuple(s)	将序列 s 转换为一个元组
dict(d)	创建一个字典,d 必须是一个序列(key,value)元组

例 1-2-35　在例 1-2-34 的基础上将 income、cost 转换为浮点型即可正常运算。

```
#创建变量 income 用于接收用户输入的收入值
income=input('请输入本月收入金额')

#创建变量 cost 用于接收用户输入的成本值
cost=input('请输入本月成本金额')
```

```
#计算毛利
grossProfit=float(income)-float(cost)

#打印输出毛利
print('毛利=',grossProfit)
```

运行结果如下：

```
请输入本月收入金额200000
请输入本月成本金额120000
毛利=80000.0
```

以上案例中，在需要使用时才进行数据转换，如果下次运算还需要使用到浮点型数据，就需要再次进行数据转换，这样会加大工作量，所以，如果后续只需要使用浮点型数据，那么，就可以直接在键入时进行转换，这样也可以防止遗漏。

```
#创建变量income用于接收用户输入的收入值
income=float(input('请输入本月收入金额'))

#创建变量cost用于接收用户输入的成本值
cost=float(input('请输入本月成本金额'))

#计算毛利
grossProfit=income-cost

#打印输出毛利
print('毛利=',grossProfit)
```

运行结果如下：

```
请输入本月收入金额200000
请输入本月成本金额120000
毛利=80000.0
```

任务三　流程控制

所谓计算机自动化运行,实际上是由人事先写好程序,由程序"指挥"机器执行任务。机器的判断能力和不知疲倦的重复工作能力,其实是使用了编程语言的条件语句和循环语句自动控制机器运行的结果。

知识技能

流程控制是程序设计中一个重要的内容,简单来说,流程就是计算机执行代码的顺序,流程控制就是对计算机执行代码的顺序进行有效管理,通过流程控制才能实现工作中的业务逻辑。在 Python 中流程控制分为以下三类。

➢ 顺序流程:代码自上而下执行,不需要关键字,也不需要特殊说明,是 Python 默认的流程。

➢ 分支(选择)流程:根据在某一步的条件判断,有选择地执行相应的代码。

➢ 循环流程:在满足一定条件下,一直重复执行某段代码。

在前面的任务中,所编写的代码都是顺序流程,代码自上而下、一行一行地执行,本任务主要学习流程控制中的分支流程(即选择流程),其实在生活中,选择无处不在,人们每天都在进行各种各样的选择与判断。例如:如果下雨就不出门,只有年满 18 周岁才能去网吧,安检通过才能进地铁,等等。同样地,在财务工作中,也常常需要进行条件判断。例如:只有业绩达标才能发放绩效奖金,个人所得税超过起征点才需要交税,等等。

分支流程根据选择的不同又可以分为单分支、双分支和多分支流程,各分支流程分别如图 1-3-1、图 1-3-2 所示。

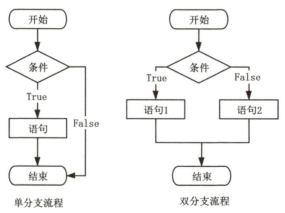

图 1-3-1　单分支流程和双分支流程

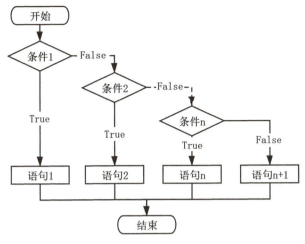

满足条件1：执行语句1，结束流程
不满足条件1，满足条件2：执行语句2，结束流程
不满足条件1和2，满足条件3：执行语句3，结束流程
......
所有条件均不满足：执行语句n+1，结束流程

图1-3-2 多分支流程

一、条件语句

（一）if...else 语句

条件语句

在 Python 中，通过 if 条件语句来控制分支流程，如果是单分支流程，则只需要使用 if 语句即可，其语法格式如下：

```
if 条件:
    代码块1(满足条件时要做的事情)
```

该语法表示如果条件为真，则执行代码块1。

例1-3-1 如果分数达到60分则及格，下面，将这个评分规则转换为计算机能理解的语言。

```
score=60
if score>=60:
    print("恭喜您,及格啦!")
```

运行结果如下：

恭喜您,及格啦!

在以上代码中，若 if 语句后的条件判断为 True，则执行 if 语句下缩进的代码块，在

Python 中用缩进的方式来设置代码的层次结构,所以,在写 if 语句时,必须对齐缩进,一般缩进 4 个空格或者一个 Tab 键,如果 if 语句判断为 True,则会执行缩进的代码块。另外还需要注意的是,条件语句后必须加上冒号,否则程序会报错。

例 1-3-2 在例 1-3-1 中,定义了一个变量来接收分数,除了这种方式之外,还可以结合 input( ) 函数来对输入的分数进行判断。

```
score=float(input("请输入您的分数:"))
if score>=60:
    print("恭喜您,及格啦!")
```

运行结果如下:

```
请输入您的分数:72
恭喜您,及格啦!
```

企业中的业绩评价,往往会以收入、利润等指标作为考核标准,如果相关指标达到某一金额则业绩达标。

例 1-3-3 当收入超过 1 000 万元时输出"业绩达标"。

```
income=float(input("请输入收入值:"))
if income>10000000:
    print("业绩达标")
```

运行结果如下:

```
请输入收入值:12000000
业绩达标
```

上述案例均是单分支流程,只有当条件满足时,才执行相应代码,当条件不满足时,直接结束流程,但在实际生活、工作中往往不止一个选择,比如例 1-3-1,如果希望在分数到达 60 分时输出及格,不足 60 分时输出不及格,该如何操作呢?

这就是一个典型的双分支流程,双分支流程使用的是 if…else 语句,具体语法如下:

```
if 条件:
    代码块 1(满足条件时要做的事情)
else:
    代码块 2(不满足条件时要做的事情)
```

该语法表示如果条件为真,则执行代码块 1;否则,执行代码块 2。需要注意的是 else 语句后不包含条件。

例 1-3-4 对例 1-3-2 进行改造。

```
score=float(input("请输入您的分数："))
if score>=60:
    print("恭喜您,及格啦!")
else:
    print("很遗憾,您未及格,请继续努力!")
```

运行结果如下：

```
请输入您的分数：55
很遗憾,您未及格,请继续努力!
```

从运行结果可知，输入的分数不满足条件（条件判断为 False），直接执行 else 语句后缩进的代码块。

例 1-3-5 对于例 1-3-3，如果收入超过 1 000 万元，则输出业绩达标，收入未超过 1 000 万元，则输出业绩不达标。

```
income=float(input("请输入收入值："))
if income>10000000:
    print("业绩达标")
else:
    print("业绩不达标")
```

运行结果如下：

```
请输入收入值：8000000
业绩不达标
```

例 1-3-6 公司采用经济增加值（EVA）进行绩效评价，若本年经济增加值大于 150 万元，则本年奖金为本年经济增加值的 10%，否则，本年无奖金。

要求：本年经济增加值为 180 万元，使用条件语句计算本年奖金。

```
#创建一个变量EVA接收本年经济增加值
EVA=1800000

# if 条件判断
if EVA>1500000:
    bonus=EVA*0.1
else:
```

```
            bonus=0

#打印计算结果
print(bonus)
```

运行结果如下:

```
180000.0
```

(二) if...elif...else 语句

前面讲到的 if...else 语句为非此即彼的判断,如果我们面临许多可能性的判断,比如,通过例 1-3-4,我们已经可以针对一个输入的分数,来判断其是否及格,那么,如果我们还想知道它是优秀还是良好呢?

涉及多种选择,也就是多分支流程,我们可以在 if...else 语句的基础上增加一个 elif 语句,它类似于语文中的"否则如果",跟在 if 语句或另一条 elif 语句后面。具体语法格式如下:

```
if 条件 1:
    代码块 1(满足条件 1 时要做的事情)
elif 条件 2:
    代码块 2(不满足条件 1,满足条件 2 时要做的事情)
elif 条件 3:
    代码块 3(不满足条件 1 和 2,满足条件 3 时要做的事情)
else:
    代码块 4(不满足以上所有条件时要做的事情)
```

elif 语句提供了另一个条件,仅在前面的条件为 False 时才检查该条件,如果某个判断是 True,则忽略剩下的 elif 和 else。

例 1-3-7 在例 1-3-4 的基础上确定评级。

```
score=float(input("请输入您的分数:"))
if score>=80:
    print("恭喜您,优秀!")
elif score>=70:
    print("恭喜您,良好!")
elif score>=60:
    print("恭喜您,及格!")
else:
    print("很遗憾,您未及格,请继续努力!")
```

运行结果如下：

请输入您的分数：88
恭喜您，优秀！

从运行结果可知，第一个条件判断为 True，则忽略剩下的 elif 和 else。

例 1-3-8　公司采用经济增加值（EVA）进行绩效评价，若本年经济增加值>200 万元，则奖励金额为本年经济增加值的 20%；若 100 万元<本年经济增加值≤200 万元，则奖励金额为本年经济增加值的 10%；若本年经济增加值≤100 万元，则无奖金。

要求：本年经济增加值为 120 万元，使用条件语句计算本年奖金。

```
EVA=1200000
if EVA>2000000:
    bonus=EVA*0.2
elif 1000000<EVA<=2000000:
    bonus=EVA*0.1
else:
    bonus=0
print(bonus)
```

运行结果如下：

120000.0

（三）if 嵌套

有些时候某个判断是在另外一个判断成立的基础上进行的，比如，去观看一场演唱会，首先必须有演唱会的门票，持有门票才能进行安检，安检通过，才能进入场内观看，那么安检这个流程就是在持有门票的基础上进行的，这里可以用一个流程图来表达，如图 1-3-3 所示。

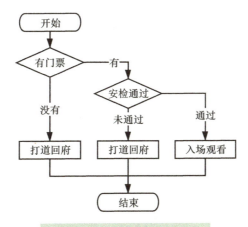

图 1-3-3　安检流程图举例

当然，这里简化了安检的流程，在实际生活中，如果安检不通过，我们还可以采取其他措施来解决，如暂存违禁物品等。通过上面的例子就可以梳理出 if 嵌套的流程图，如图 1-3-4 所示。

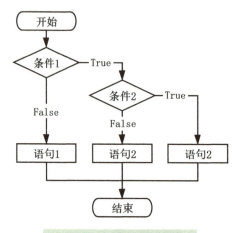

图 1-3-4　if 嵌套流程图

语法格式如下：

```
if 条件 1:
    if 条件 2:
        满足条件 2 做的事情
    elif/else:
        满足条件 1 但不满足条件 2 做的事情
elif/else:
    不满足条件 1 做的事情
```

注意与多分支流程进行区分，多分支流程在前面条件不成立时才判断后面的条件，而 if 嵌套是只有外部的 if 语句满足时才能执行内部的 if 语句。

此外，内外层都可使用 elif、else，具体如何使用可以根据实际情况进行选择。

例 1-3-9　公司绩效评价指标包括销售增长率和经济增加值，绩效考核标准如下：

（1）若本年销售增长率大于 25%，则准予发放奖金，否则，本年无奖金；

（2）若本年经济增加值大于 150 万元，则本年奖金为经济增加值的 10%，否则，奖金为本年经济增加值的 5%。

要求：本年销售增长率为 28%、经济增加值为 120 万元，使用条件语句计算本年奖金。

```
#创建变量 SGR 接收本年销售增长率、EVA 接收本年经济增加值
SGR=0.28
EVA=1200000

#if 嵌套
```

```
if SGR>0.25:
    if EVA>1500000:
        bonus=EVA*0.1
    else:
        bonus=EVA*0.05
else:
    bonus=0
print(bonus)
```

运行结果如下：

```
60000.0
```

在以上代码中，外层条件判断根据销售增长率确定是否发放奖金，若满足条件则进入内层条件判断，根据经济增加值计算奖金具体数额，若外层条件不满足，则直接执行外层 else 语句。

二、循环语句

如果一个运算需要进行多次，该如何处理呢？例如，在例 1-3-7 中，使用 if 条件语句对一个分数进行了评级，若需要对全年级所有学生进行评级呢？这就涉及了单一且重复的工作，在财务工作中，也经常会涉及大量重复工作，如预算编制、费用分配、固定资产折旧等，那么 Python 能否减少这种重复工作呢？

循环语句

答案当然是肯定的，Python 中的循环流程，可以在满足一定条件时，一直重复执行某段代码，而循环流程使用的语句就是循环语句，Python 的循环语句包括 while 循环和 for 循环，循环流程图如图 1-3-5 所示。

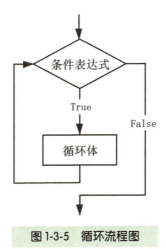

图 1-3-5　循环流程图

循环结构逻辑：若符合条件，则反复执行循环体中的语句，若不符合条件，则退出循环。

（一）while 循环

1. while 循环语法

while 循环：表示只要条件满足就不断循环，条件不满足时退出循环。

如果想依次打印出数字 0、1、2、3、4，通过前面的学习，可以使用 print() 函数，代码如下：

```
print(0)
print(1)
print(2)
print(3)
print(4)
```

使用循环语句可以减少 print() 函数的重复调用，通过上面这个简单的例子来了解 while 循环的标准写法（三个要件）：

```
i=0             #初始化表达式：通过初始化表达式初始化一个变量
while i<5:      #条件表达式：用来设置循环执行的条件
    print(i)
    i+=1        #更新表达式：修改初始化变量的值
```

上述代码表示的含义：初始变量 i=0，调用 while 语句进行条件判断（i<5），当满足条件时，执行缩进的代码块，完成一次执行后，通过更新表达式 i+=1 更新初始化变量 i 的值，然后继续返回 while 条件判断，如此循环，直到变量 i 增加到 5 时，不再满足 while 条件，则退出循环。

所以，使用 while 循环时需要注意三个要件，当缺少更新表达式或条件表达式永远满足时（比如：while 1=1）会引起死循环，也就是 print(i) 会一直执行下去，最终可能导致系统资源被耗尽。

例 1-3-10 计算出 1—100 的整数之和。

```
a=0             #累加值
i=1
while i<=100:
    a=a+i
    i=i+1
print(a)
```

运行结果如下：

```
5050
```

例 1-3-11 筛选出 1—100 内的所有的偶数。

```
i=1
num=[]
while i<=100:
    if i%2==0:
        num.append(i)
    i+=1
print(num)
```

运行结果如下:

```
[2,4,6,8,10,12,14,16,18,20,22,24,26,28,30,32,34,36,38,40,42,44,
46,48,50,52,54,56,58,60,62,64,66,68,70,72,74,76,78,80,82,84,86,
88,90,92,94,96,98,100]
```

2. else 在循环中的应用

if...else 语句,在不满足条件时,执行 else 语句后的代码,那么,else 是否可以用于循环流程呢?

else 可以在 while 或 for 循环中运用,else 与 while 或 for 搭配使用,表示当循环的条件不成立时,直接跳出循环,执行 else 下的代码块。

使用循环可以依次打印输出数字,若想在输出满足条件的数字之后,再输出"循环结束"的提示,则就可以使用 else 语句。

例 1-3-12

```
i=0
while i<5:
    print(i)
    i+=1
else:
    print('循环结束')
```

运行结果如下:

```
0
1
2
3
4
循环结束
```

例 1-3-13 甲公司采用双倍余额递减法对固定资产计提折旧,现有一固定资产原值为 100 000 元,预计使用年限为 10 年,净残值率为 5%。

要求:采用 while 循环计算该固定资产年折旧额。

```
i=0                              #初始表达式
年初固定资产净值=100000           #第一年年初固定资产净值=固定资产原值
result=[]                        #创建空列表存储年折旧额
while i<8:                       #while 循环,最后两年平均摊销,循环次数为 8 次
    年折旧额=round(年初固定资产净值*(2/10),2)
                                 #年折旧率=2/10
    result.append(年折旧额)
    年初固定资产净值-=年折旧额
    i+=1
else:
    年折旧额=round((年初固定资产净值-100000*0.05)/2,2)
    result.append(年折旧额)
    result.append(round(年初固定资产净值-100000*0.05-年折旧额,2))
print("每年折旧额依次为:",result)
```

运行结果如下:

```
每年折旧额依次为:[20000.0, 16000.0, 12800.0, 10240.0, 8192.0, 6553.6, 5242.88, 4194.3, 5888.61, 5888.61]
```

在上述案例中,固定资产折旧采用双倍余额递减法,该方法是指在不考虑固定资产预计净残值的情况下,根据每期期初固定资产原价-累计折旧后的金额和双倍的直线法折旧率计算固定资产折旧。应用双倍余额递减法计算折旧额时,前 n-2 年,每年年初固定资产净值没有扣除预计净残值,在折旧最后两年,将固定资产净值扣除预计净残值后的余额平均摊销。案例中,固定资产折旧年限为 10 年,则循环次数为 8 次,每次计算结束后均调整年初固定资产净值(年初固定资产净值-=年折旧额),最后一年折旧额,考虑尾差影响,采用倒挤法。

例 1-3-14 20×1 年 12 月 31 日,甲公司经批准发行 5 年期一次还本、分期付息的公司债券 10 000 000 元,债券利息在每年 12 月 31 日支付,票面年利率为 6%,债券发行时市场利率为 5%,债券实际发行总价为 10 432 700 元(即 20×1 年 12 月 31 日的摊余成本),公司采用实际利率法和摊余成本计算利息费用。

要求:采用 while 循环计算该应付债券 20×2 年至 20×6 年的年末摊余成本。

```
i=1
amortisedCost=10432700          #期初摊余成本=发行总价
amortisedCostList=[]            #创建空列表存放计算的摊余成本
while i<=4:
    amortisedCost=round(amortisedCost+amortisedCost*0.05
                  -10000000*0.06,2)
                                #计算摊余成本
    amortisedCostList.append(amortisedCost)
                                #计算结果添加至列表
    i+=1
else:
    amortisedCost=10000000      #最后一年年末摊余成本=债券面值
    amortisedCostList.append(amortisedCost)
print('应付债券20×2年至20×6年的年末摊余成本依次为：',amortised-
    CostList)
```

运行结果如下：

应付债券20×2年至20×6年的年末摊余成本依次为：[10354335.0, 10272051.75, 10185654.34, 10094937.06, 10000000]

在上述案例中，使用变量i确定循环的次数，债券期限为5年，需要依次计算出各年末摊余成本，在会计中，债券溢价和折价的部分会在每年进行摊销，最终摊余成本将会与面值保持一致，所以，最后一年年末摊余成本等于债券面值，尾差在最后一年调整，那么需要使用计算公式循环计算的次数为4次，则while循环的条件可设置为i<=4，每次循环计算后，可以将计算结果使用append()函数追加到列表（amortisedCostList）中，最终将计算结果打印输出。

此外，上述案例使用到了round()函数，该函数的使用方法与Excel中round()函数是一致的，但是需要注意的是，Python中round()函数的计数规则并非四舍五入，它是采用四舍六入五成双的计数保留方法，这也是一种比较科学的计数方法。

具体的保留规则："四"是指≤4时舍去，"六"是指≥6时进上，"五"指的是根据5后面的数字来定，当5后有数时，舍5入1；当5后无有效数字时，5前为奇数，舍5入1,5前为偶数，舍5不进（0是偶数）。

但是，对于财务人来说，一般使用的是四舍五入规则，那么，如果想在Python中进行四舍五入，该如何操作呢？

当后续学习自定义函数后就可以来自定义一个四舍五入保留小数位的函数：

```
#返回n的四舍五入值,默认保留2位小数
from decimal import Decimal
def my_round(n,d=2):
    s='0.'+'0'*d
    return float(Decimal(str(n)).quantize(Decimal(s),
                rounding="ROUND_HALF_UP"))
```

知识点拨

计算机中的数据是以二进制的形式来存储的,而部分小数无法用二进制完整表示。比如,计算1.1+2.2,按照正常的逻辑,计算出来的结果应该是3.3,而是实际的结果却是3.3000000000000003。又如,使用round(1.15,1)保留小数,按照其计数逻辑计算结果应是1.2,而实际返回结果为1.1,当查看1.15小数点后20位数据可以发现,在计算机中其实际为1.14999999999999991118。

所以,使用二进制进行小数的运算会存在精度问题,而decimal模块为十进制浮点数运算提供了支持,更适合具有严格相等不变性要求的会计类应用。但是要注意的是,Decimal数据类型在各种运算中会额外消耗较多时间,特别是在处理大量数据时,性能将大大下降,所以在处理大量数据时,要慎用decimal模块。

(二) for 循环

1. for 循环语法

在Python中循环流程除了使用while语句之外,还可以使用for语句,for循环是通过遍历可迭代对象的每一个元素来实现循环的,标准写法如下:

```
for 临时变量 in 可迭代对象:
    满足条件时执行的代码
```

for 循环

这里提到了可迭代对象,那么,什么叫作可迭代对象呢?

可迭代对象可以简单理解为只要能够通过for循环遍历的对象都是可迭代对象,包括字符串、列表、元组、字典等。除了这些基本数据类型外,for循环通常与range()函数联合使用。

range()函数:表示范围,返回range对象(不可变数字序列),一般用于for循环中指定循环的次数;其函数语法如下:

```
range(start,end,step)
```

其参数见表1-3-1。

表 1-3-1 range( )函数参数

参数	描述
start	起始值,默认为 0
end	终止值,计数不包括终止值
step	步长值,默认为 1

range( )函数返回的不可变数字序列也是可迭代对象。

遍历：所谓遍历就是沿着某一路线进行搜索,对路线中的每一个节点都进行一次访问。

for 遍历：就是依次把一个可迭代对象中的每个元素遍历出来,分别进行操作。

例 1-3-15 遍历列表并打印输出所有元素。

```
account=['主营业务收入','主营业务成本','税金及附加']
for i in account:
    print(i)
```

运行结果如下：

主营业务收入
主营业务成本
税金及附加

从以上案例可知,通过 for 遍历,依次取出了列表中的每个元素进行打印输出,遍历完所有元素后结束循环。

for 遍历字符串、元组和列表是类似的,那么,遍历字典呢,字典包含了两组数据,一组 key、一组 value,使用 for 遍历字典取到的会是什么呢？for 遍历字典归纳见表 1-3-2。

表 1-3-2 for 遍历字典

for 遍历字典	说明	for 遍历字典	说明
for i in dict:	遍历字典所有 key	for i in dict.values( ):	遍历字典所有 value
for i in dict.keys( ):	遍历字典所有 key	for i in dict.items( ):	遍历字典所有键值对

例 1-3-16 计算 1—100 范围内的整数之和。

```
a=0        #累加值
for i in range(1,101):
    a=a+i
print(a)
```

range(1,101)生成的不可变数字序列的起始值是 1,终止值是 101,但计数不包括终止值,所以最终返回的是 1—100 之间的不可变数字序列,使用 for 循环就可以依次取出数字进行累加。

例 1-3-17 使用 for 循环完成例 1-3-13 的任务。

```
年初固定资产净值=100000        #第一年年初固定资产净值=固定资产原值
result=[]                     #创建空列表存储年折旧额
for i in range(8):
    年折旧额=round(年初固定资产净值*(2/10),2)
                              #年折旧率=2/10
    result.append(年折旧额)
    年初固定资产净值-=年折旧额
else:
    年折旧额=round((年初固定资产净值-100000*0.05)/2,2)
    result.append(年折旧额)
    result.append(round(年初固定资产净值-100000*0.05-年折旧额,2))
print("每年折旧额依次为:",result)
```

例 1-3-18 使用 for 循环完成例 1-3-14 的任务。

```
amortisedCost=10432700
amortisedCostList=[]
for i in range(4):
    amortisedCost=round(amortisedCost+amortisedCost*0.05-
                  10000000*0.06,2)
    amortisedCostList.append(amortisedCost)
else:
    amortisedCost=10000000
    amortisedCostList.append(amortisedCost)
print('应付债券20×2年至20×6年的年末摊余成本依次为:',amortised-
    CostList)
```

通过以上两个例子可以看出,相对 while 循环而言,for 循环不需要再定义初始表达式、更新表达式,代码会更简洁一些。那么,在工作中,应该选择哪种方式呢?

如何进行选择,需要考虑具体使用的场景,while 循环满足条件就会一直工作,它的工作量可能是不确定的,而 for 循环的循环次数是确定的,必须遍历可迭代对象的所有元素才能结束循环,简单来说,while 循环是基于条件判断循环,for 循环是基于数据容器循环,所以在实际应用时可以根据工作量是否确定来选择不同的方法,当然,在大多数情况下,两种方法是可以通用的。

2. 列表推导式

如果想要使用 for 循环与 range() 函数创建一个 1 至 10 的整数列表(包含 10),该如何操作呢?

例 1-3-19 生成数字列表。

```
num=[]
for i in range(1,11):
    num.append(i)
print(num)
```

运行结果如下:

```
[1, 2, 3, 4, 5, 6, 7, 8, 9, 10]
```

那么,使用 for 循环创建列表有没有更简单的写法?

通过数据类型转换方法可知,只需要调用同名函数即可实现不同数据之间的转换,所以,可以直接调用 list() 函数将 range() 函数生成的不可变数字序列转换成列表,代码如下:

```
list(range(1,11))
```

上述方法可以将 range() 函数生成的数字序列转换成列表,但是,如果要生成的列表是在数字序列的基础上进行运算后的结果,例如,对数字 1—10 进行幂运算,该如何操作呢?

这时,就可以使用另外一种方法生成列表,那就是列表推导式,它是 Python 构建列表(list)的一种快捷方式,语法如下:

```
[表达式 for 变量 in 可迭代对象]
[表达式 for 变量 in 可迭代对象 if 条件判断]
```

例 1-3-20 使用列表推导式创建 1 至 10 的整数列表。

```
num=[i for i in range(1,11)]
print(num)
```

以上代码中,for 语句会依次取出不可变数字序列中的元素,并传入表达式 i,表达式每次返回的结果构成列表。

例 1-3-21 对 1—10 进行幂运算后生成列表。

```
num=[i**3 for i in range(1,11)]
print(num)
```

运行结果如下:

```
[1, 8, 27, 64, 125, 216, 343, 512, 729, 1000]
```

以上代码中,for 语句会依次取出不可变数字序列中的元素,并传入表达式 i**3,表达式每次返回的结果构成列表。

例 1-3-22　对 1—10 所有偶数进行幂运算。

```
num=[i**3 for i in range(1,11) if i%2==0]
print(num)
```

运行结果如下:

```
[8, 64, 216, 512, 1000]
```

以上代码中,for 语句会依次取出不可变数字序列中的元素并进行条件判断,满足条件的元素则传入表达式 i**3,最后以表达式每次返回的结果构成列表。

若按照以前所学习方法来创建例 1-3-22 的列表,则代码如下:

```
num=[]
for i in range(1,11):
    if i%2==0:
        num.append(i**3)
print(num)
```

通过上述案例可知,列表推导式可以根据一定条件快速地构建列表,使代码更加简洁,当熟悉它的使用方法之后,就能感受到它的魅力了。

3. zip 函数

zip() 函数:以可迭代对象作为参数,将可迭代对象中对应位置的元素打包成一个个元组。

例 1-3-23　将会计科目与金额进行打包。

```
account=['营业收入','营业成本']
amount=[2000,1000]
zip(account,amount)
```

运行结果如下:

```
<zip at 0x7febf85d6d20>
```

调用 zip() 函数返回的是一个 zip 对象,在使用时可以转换为列表或元组,转换为列表的方法有如下两种。

➤ 使用列表推导式,通过 for 遍历取出 zip 对象存储的元组。
➤ 通过 list() 函数将 zip 对象强制转换为列表。

例 1-3-24 列表推导式。

```
account=['营业收入','营业成本','销售费用']
amount=[2000,1000]
print([i for i in zip(account,amount)])
```

运行结果如下：

[('营业收入',2000),('营业成本',1000)]

例 1-3-25 list()函数。

```
account=['营业收入','营业成本','销售费用']
amount=[2000,1000]
print(list(zip(account,amount)))
```

运行结果如下：

[('营业收入',2000),('营业成本',1000)]

在使用zip()函数进行打包时,当传入的可迭代对象中元素不一致时,以元素最少的对象为准进行打包。

(三) 嵌套循环

嵌套循环：是指在一个循环体语句中又包含另一个循环语句,其流程图如图1-3-6所示。

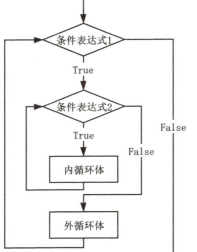

图1-3-6 嵌套循环流程图

while 嵌套循环语法格式如下：

```
i=0
while <条件判断 1>:
    j=0
    while <条件判断 2>:
        <代码块 1>
        j=j+1
    <代码块 2>
    i=i+1
```

for 嵌套循环语法格式如下：

```
for 变量 1 in [可迭代对象 1]:
    for 变量 2 in [可迭代对象 2]:
        <代码块 1>
    <代码块 2>
```

例 1-3-26 打印输出以下图形：

```
*
* *
* * *
* * * *
* * * * *
```

想要输出图形，就需要了解图形绘制的规律，可以看到图形是由"＊"组成，"＊"逐行递增，一共 5 行，且每个"＊"之间都有一个空格，那么可以直接使用 print( ) 函数输出一个"＊"加空格：

```
print("*",end=" ")    #end 参数用来设置以什么结尾，默认结尾方式是 \n
```

运行结果如下：

```
*
```

第二行需要输出 2 个"＊"，就可以设置循环：

```
for i in range(2):
    print("*",end=" ")
```

运行结果如下:

* *

其他行依次类推,但是,如果每行都需要循环一次就很麻烦,所以,可以直接通过嵌套循环实现图形输出:

```
for i in range(1,6):
    for j in range(i):
        print("*",end="")
    print()           #直接调用print()函数换行
```

运行结果如下:

```
*
* *
* * *
* * * *
* * * * *
```

外层循环确定需要输出的行数,内层循环依次输出每行图形,以上案例使用while循环代码如下:

```
i=0
while i<5:
    j=0
    while j<=i:
        print("*",end="")
        j+=1
    print()
    i+=1
```

例 1-3-27　经预测,甲公司1—3月收入分别为12万元、15.5万元、14万元,预计各期销售费用、管理费用占收入比重分别为0.1、0.12。

要求:使用for嵌套循环分别计算1—3月销售费用、管理费用预算金额。

业务逻辑流程图如图1-3-7所示。

图1-3-7 业务逻辑流程图

如图1-3-7所示,外循环依次取出费用占比,内循环依次取出各月份收入进行计算,并依次得到每个月的预算金额,编写代码如下:

```
#创建字典
percentage={'销售费用':0.1,'管理费用':0.12}
income={'1月':120000,'2月':155000,'3月':140000}

#for 嵌套循环-遍历字典取 key
for key1 in percentage:
    for key2 in income:
        cost=percentage[key1]*income[key2]
        print('{}{}预算金额为：{}'.format(key2,key1,cost))
```

运行结果如下:

```
1月销售费用预算金额为：12000.0
2月销售费用预算金额为：15500.0
3月销售费用预算金额为：14000.0
1月管理费用预算金额为：14400.0
2月管理费用预算金额为：18600.0
3月管理费用预算金额为：16800.0
```

也可以将计算结果存储在字典中,编写代码如下:

```
percentage={'销售费用':0.1,'管理费用':0.12}
income={'1月':120000,'2月':155000,'3月':140000}
cost={}

#for 嵌套循环-遍历字典取 key
```

```
for key1 in percentage:
    costList=[]          #创建列表存储费用预算金额
    for key2 in income:
        costList.append(percentage[key1]*income[key2])
    cost[key1]=costList
print('1—3月费用预算金额分别为：',cost)
```

运行结果如下：

1—3月费用预算金额分别为：{'销售费用': [12000.0, 15500.0, 14000.0], '管理费用': [14400.0, 18600.0, 16800.0]}

(四) 跳转语句

在循环流程中有两个常用的跳转语句，分别是 break 语句和 continue 语句，在满足一定条件时，可以直接退出或跳过循环。

1. break 语句

break 语句：可用于 while 和 for 循环，在满足条件时，提前退出循环，存在嵌套循环时，break 语句只能跳出最近一层循环。

例 1-3-28 依次打印输出列表中的元素，当元素为7时，停止打印。

```
for i in [1,3,5,7,9]:
    if i==7:
        break
    print(i)
```

运行结果如下：

```
1
3
5
```

当满足条件 i==7 时，直接退出了循环。

例 1-3-29 甲公司1—4月收入分别为12万元、15.5万元、14万元、17万元。
要求：使用 for 循环与 break 语句筛选出收入额在15万元以上的第一个月份。

```
income={'1月':120000,'2月':155000,'3月':140000,'4月':170000}
for key in income:
    if income[key]>150000:
```

```
        print(key)
        break
```

运行结果如下:

```
2月
```

在满足"income[key]>150000"这个条件时,直接打印输出对应月份,并退出循环。

2. continue 语句

continue 语句:在满足条件时,跳过当前的这次循环,直接开始下一次循环,存在嵌套循环时,continue 语句只能跳出最近一层循环。

例 1-3-30 依次打印输出列表中的元素,当元素为 7 时,跳过该元素。

```
for i in [1,3,5,7,9]:
    if i==7:
        continue
    print(i)
```

运行结果如下:

```
1
3
5
9
```

当满足条件 i==7 时,跳过了本次循环(也就是不打印输出数字 7),而直接进入下一次循环(打印输出数字 9)。

例 1-3-31 甲公司 1—4 月收入分别为 12 万元、15.5 万元、14 万元、17 万元。
要求:使用 for 循环与 continue 语句筛选出收入额在 15 万元以上的所有月份。

```
#创建一个字典 income 接收 1—4 月收入
income={'1月':120000,'2月':155000,'3月':140000,'4月':170000}

#continue 语句
for key in income:
    if income[key] <= 150000:
        continue
    print(key)
```

运行结果如下：

2月
4月

知识点拨

跳转语句只能用于循环之中，并且，注意不要滥用跳转语句，因为跳转语句会造成代码逻辑分叉过多，容易出错。

任务四　函数和参数

任务描述

使用计算机进行财务分析的时候，对数据的处理是一项非常重要的工作。通过函数的运用，提高财务数据处理的效率。

知识技能

三角形的面积计算公式是 $S=\dfrac{1}{2}ah$（三角形的底为 a，高为 h），计算多组三角形面积如下：

```
a1,a2,a3=10,12,18
h1,h2,h3=10,5,12
s1=(a1* h1)/2
s2=(a2* h2)/2
s3=(a3* h3)/2
print(s1,s2,s3)
```

以上面积的计算公式是不变的，如果每次计算都要输入相同的计算公式则会非常麻烦，尤其是当运算过程比较复杂时，大大降低了工作效率，这时就可以将一些有规律的运算过程编写为通用函数。

函数的作用就是实现代码的重复使用，实现代码的一致性（一致性是指只要修改函数的代码，所有调用该函数的地方都能得到体现），也就是说，只需要定义一次函数就可以多次调用，这样就可以提高编写代码的效率。

Python 中的函数可以分为如下几类。
➤ 内置函数：由 Python 提供，可以直接拿来使用的函数，如 input( )、print( )等。
➤ 自定义函数：用户根据需求自己定义的函数。
➤ 匿名函数：没有显式定义的函数，一般只有一行表达式，只能使用一次。

一、内置函数

Python 提供了 69 个内置函数,可通过查询 Python 的官方文档了解各内置函数的功能。Python 官方网站如下:

https://docs.python.org/zh-cn/3.7/library/functions.html

函数

登录该网站可以查看到以下内置函数(图 1-4-1):

内置函数				
abs()	delattr()	hash()	memoryview()	set()
all()	dict()	help()	min()	setattr()
any()	dir()	hex()	next()	slice()
ascii()	divmod()	id()	object()	sorted()
bin()	enumerate()	input()	oct()	staticmethod()
bool()	eval()	int()	open()	str()
breakpoint()	exec()	isinstance()	ord()	sum()
bytearray()	filter()	issubclass()	pow()	super()
bytes()	float()	iter()	print()	tuple()
callable()	format()	len()	property()	type()
chr()	frozenset()	list()	range()	vars()
classmethod()	getattr()	locals()	repr()	zip()
compile()	globals()	map()	reversed()	__import__()
complex()	hasattr()	max()	round()	

图 1-4-1 内置函数

在前面的任务中,已经介绍了许多内置函数的使用方法,如输入(input)、输出(print)、数据类型转换(如 int、float、list 等)、查看数据类型(type)、生成不可变数字序列(range)等。当然还有许多函数,没有一一介绍,可直接查看官网学习。

在学习变量命名的规则时,我们知道不能使用关键字命名,这里再补充一点,在变量命名时不要使用内置函数名,虽然使用内置函数名命名时 Python 不会报错,但是会导致同名的内置函数被覆盖,从而无法使用,如以 input 作为变量名,并进行变量赋值 input = 1,则再次调用 input() 函数时程序就会报错,如图 1-4-2 所示,因为此时的 input 代表的是整型,也就是数字 1,就不能再作为函数调用了。

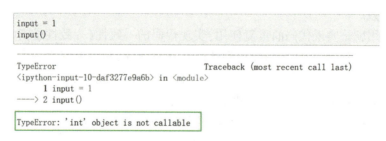

图 1-4-2 变量命名使用内置函数名报错

二、自定义函数

如果想实现的功能内置函数无法完成,该如何处理呢?

在 Python 中,用户可以自己创建函数,这类用户自己创建的函数称为自定义函数。

自定义函数也就是指用一些符号代替变量赋值,等到使用这个算法的时候再把具体的变量金额填充进去,将原先适用于一种情况的算法改造成一个通用的算法,自定义函数的关键字是 def,具体语法如下:

```
def 函数名(形参):      #形参根据需求设置,可有可无,多个形参用逗号隔开
    <代码块>            #注意冒号和语句缩进
    return 表达式       #return 函数返回值关键字,函数执行完毕后给调用者的结
                       #果称为函数的"返回值",没有 return 时返回结果为 None
函数名(实参)            #调用函数,有参函数传递实参,实参与形参一一对应
```

例 1-4-1 将个人信息定义为一个函数。

```
#自定义函数
def info():
    print("王小明,毕业于科云学院,现担任科云教育研究院院长。")

#调用函数
info()
```

运行结果如下:

```
王小明,毕业于科云学院,现担任科云教育研究院院长。
```

定义好函数后,在需要使用时调用即可,在上述案例中,并没有定义形式参数,所以调用函数时无须传入参数。

例 1-4-2 将姓名作为参数传入。

```
#自定义函数:形式参数 name 接收字符型类型
def info(name):
    print(name+",毕业于科云学院,现担任科云教育研究院院长。")

#调用函数
info("小红")
```

运行结果如下：

小红,毕业于科云学院,现担任科云教育研究院院长。

例1-4-2中设置了一个形式参数name,那么,在调用函数时,就必须传入实际参数,实参与形参是一一对应的。

在前面两个例子中,并没有使用return语句,也得到了返回结果,这是由于直接在函数体中调用了print()函数,它可以直接将结果打印输出,当一个函数体中没有调用print()函数也没有return语句,那调用函数会是什么结果呢？

例 1-4-3

```
def my_sum(a,b):
    z=a+b

#调用函数
my_sum(1,2)
```

这样定义的函数不会报错,但是调用函数时,并没有显示结果,这是由于没有定义函数的返回值,下面就来加上return语句：

```
def my_sum(a,b):
    z=a+b
    return z

#调用函数
my_sum(1,2)
```

运行结果如下：

3

当然,Python中已经有了求和函数sum(),就无需再自定义了。

使用循环语句可以计算应付债券各期期末的摊余成本,现在,就来通过自定义函数,将摊余成本的计算改造成一个通用的算法,方便再次使用时直接调用。

例 1-4-4 生产设备A：固定资产原值1 200 000元、折旧年限10年、净残值5%。
办公设备B：固定资产原值240 000元、折旧年限5年、净残值5%。
要求：自定义函数计算固定资产年折旧(采用双倍余额递减法)。

```
#自定义函数:
def 折旧计算(原值,折旧年限,净残值率):
    年初固定资产净值=原值          #第一年年初固定资产净值=固定资产原值
    result=[]                      #创建空列表存储年折旧额

    for i in range(折旧年限-2):
        年折旧额=round(年初固定资产净值*(2/折旧年限),2)
        result.append(年折旧额)
        年初固定资产净值-=年折旧额
    else:
        年折旧额=round((年初固定资产净值-原值*净残值率)/2,2)
        result.append(年折旧额)
        result.append(round(年初固定资产净值-原值*净残值率-年折旧额,2))
    print("每年折旧额依次为: ",result)

#调用自定义函数
折旧计算(1200000,10,0.05)
折旧计算(240000,5,0.05)
```

运行结果如下:

每年折旧额依次为: [240000.0, 192000.0, 153600.0, 122880.0, 98304.0, 78643.2, 62914.56, 50331.65, 70663.29, 70663.3]
每年折旧额依次为: [96000.0, 57600.0, 34560.0, 19920.0, 19920.0]

计算固定资产折旧,只需要了解固定资产原值、折旧年限及预计净残值率即可,定义函数时,将这些信息以形式参数替代,在实际调用函数时,只需要传入对应的实际参数即可得到计算结果,这样原先只适用于一种情形的代码就改造成了一个通用的函数。

例 1-4-5　5 年期应付债券:面值 10 000 000 元、实际发行价格 10 432 700 元、票面利率 6%、市场利率 5%。

4 年期应付债券:面值 20 000 000 元、实际发行价格 18 645 200 元、票面利率 5%、市场利率 7%。

要求:自定义函数计算两种债券到期前各年年末摊余成本。

```
def calcAmortisedCost(year,faceValue,issuePrice,couponRate,
                marketRate):
    '''
```

```
    year：债券期限
    faceValue：债券面值
    issuePrice：债券实际发行总价
    couponRate：债券票面利率
    marketRate：市场利率
    '''
    i=1
    amortisedCost=issuePrice        #期初摊余成本=发行总价
    amortisedCostList=[]            #创建空列表存放计算的摊余成本
    while i<=(year-1):
        amortisedCost=round(amortisedCost+amortisedCost*market-
                       Rate-faceValue*couponRate,2)
        amortisedCostList.append(amortisedCost)
        i+=1
    else:
        amortisedCost=faceValue  #最后一年年末摊余成本=债券面值
        amortisedCostList.append(amortisedCost)
    print('应付债券期末摊余成本依次为：',amortisedCostList)

#调用自定义函数
calcAmortisedCost(5,10000000,10432700,0.06,0.05)
calcAmortisedCost(4,20000000,18645200,0.05,0.07)
```

运行结果如下：

```
应付债券期末摊余成本依次为：[10354335.0, 10272051.75, 10185654.34, 10094937.06, 10000000]
应付债券期末摊余成本依次为：[18950364.0, 19276889.48, 19626271.74, 20000000]
```

将摊余成本计算中的一些变量以形式参数代替,在此案例中,形式参数包括债券期限、债券面值、债券实际发行总价、债券票面利率、市场利率,在实际调用时,同样只需要传入对应的实际参数即可得到计算结果。

三、匿名函数

(一) 匿名函数语法

当编写某些比较简单的函数时,如果按照自定义函数的格式化写法(def关键字)会使代码变得复杂,那么有没有什么方法能跳过def语句,使代码更加的简洁易读呢？

Python 中的匿名函数就可以解决这个问题,匿名函数使用 lambda 关键字创建,是一种简单的、在同一行中定义函数的方法,该方法不需使用 def、return 语句。语法如下:

```
lambda [参数,参数]:<表达式>
```

例 1-4-5　在例 1-4-3 中,自定义了 my_sum( ) 函数,使用匿名函数再次定义。

```
(lambda a,b : a+b)(1,2)
```

运行结果如下:

```
3
```

定义好匿名函数后,直接在其后传入对应的参数即可得到函数返回值。

在使用匿名函数时需要注意,匿名函数可以接收多个参数,但只能返回一个表达式的值,在匿名函数内不能直接调用 print( ) 函数。

(二) 三元运算符

三元运算符:与 if...else 语句具有相似的作用。具体语法如下:

```
条件成立的值 if 条件 else 条件不成立的值
```

例 1-4-6　比较 a、b 的大小并返回较大值。

```
a=2
b=4
if a>b:
    c=a
else:
    c=b
c
```

运行结果如下:

```
4
```

例 1-4-7　上述案例如果使用三元运算符,代码就会简洁许多。

```
a=2
b=4
c=a if a>b else b
c
```

例 1-4-8 三元运算符与匿名函数的联合使用。

```
(lambda a,b : a if a>b else b)(4,5)
```

运行结果如下：

```
5
```

（三）匿名函数的优点与使用场景

例 1-4-9 公司采用经济增加值（EVA）进行绩效评价，若本年经济增加值大于 150 万元，则本年奖金为本年经济增加值的 10%，否则，本年无奖金。

要求：本年经济增加值为 180 万元，使用条件语句计算本年奖金。

使用条件语句代码如下：

```
#创建一个变量EVA接收本年经济增加值
EVA=1800000

#if 条件判断
if EVA>1500000:
    bonus=EVA*0.1
else:
    bonus=0

#打印计算结果
print(bonus)
```

上述案例如果使用匿名函数计算本年奖金，则仅需一行代码：

```
(lambda EVA : EVA*0.1 if EVA>1500000 else 0)(1800000)
```

运行结果如下：

```
180000.0
```

通过以上案例，可总结出匿名函数的优点如下。
- 可以省去定义函数的过程，节省内存中变量定义空间，使代码更精简。
- 不需要定义函数名，在使用过程中不必担心函数名冲突问题。
- 使用 lambda 在某些时候能使代码更加容易理解。

那么，在什么时候才考虑使用匿名函数呢？

当程序仅使用一次、函数逻辑简单、不需要定义函数名时，就可以考虑使用匿名函数。匿名函数一般用于高阶函数（map、filter、reduce），作为高阶函数的参数使用，后续在高阶函数中再具体应用。

四、函数的参数

一个函数可以分为三部分,如图 1-4-3 所示,第一部分为函数名称及参数,第二部分为函数体,第三部分为函数返回值:

函数参数
及变量作用域

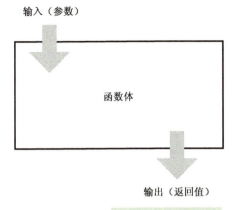

图 1-4-3 函数

对于函数调用者而言,只需要了解如何传递正确的参数,以及函数将返回什么样的值就够了,至于函数体内部的复杂逻辑都被封装起来,调用者无需了解。

那么,Python 中函数的参数都有哪些种类呢?

函数的参数可分为以下四种。

➢ 位置参数:调用函数时,实参默认按位置顺序传递(从左到右)。
➢ 默认参数:定义形参时,可以为形参指定默认值。
➢ 可变参数:传入的参数个数可变。
➢ 命名关键字参数:限制某些参数必须使用参数名传递。

(一)位置参数

位置参数(又称必选参数):是指调用函数时,实参默认按位置顺序传递,第一个实参赋值给第一个形参,第二个实参赋值给第二个形参,以此类推,传递的实参个数必须与形参一致。

例 1-4-10

```
def f1(a,b):
    return a+b
f1(1,2)
```

运行结果如下:

```
3
```

调用自定义函数 f1( ),并尝试传入一个参数：

```
f1(1)
```

运行结果如下：

```
f1(1)
-----------------------------------------------------------------
TypeError                                 Traceback (most recent call last)
<ipython-input-3-a68eb1110415> in <module>
----> 1 f1(1)

TypeError: f1() missing 1 required positional argument: 'b'
```

图1-4-4　例1-4-10 运行结果

运行后，程序会报错，并提示缺少了一个位置参数"b"，所以位置参数属于必选参数，实参个数必须与形参一致，且保持一一对应。

例 1-4-11　定义函数计算毛利。

```
def func1(营业收入,营业成本):
    毛利=营业收入-营业成本
    return 毛利
func1(1000,200)
```

运行结果如下：

```
800
```

(二) 默认参数

默认参数（又称缺省参数）：是指定义形参时，可以为形参指定默认值。调用函数时这些参数是可选的，如果用户没有传递参数值，则被认为是默认值，如果传递了参数，则默认值没有任何作用。定义参数时，默认参数必须放在位置参数后面。

例 1-4-12　对例 1-4-10 进行改造，添加一个默认参数 c，默认值为 1。

```
def f2(a,b,c=1):
    return a+b+c
f2(1,2,2)
```

运行结果如下：

```
5
```

当为默认参数传入实参值 2 时,按传入值计算,未传入实参时,取默认值计算:

```
f2(1,2)
```

运行结果如下:

```
4
```

那么,默认参数存在的意义是什么呢?

默认参数可以降低函数调用的难度,在定义函数时,可以将参数常用值设置为默认值,在简单调用时,仅传入位置参数,需要复杂调用时又可以传入更多参数,无论简单调用还是复杂调用,均只需定义一个函数。

例 1-4-13 将例 1-4-11 中的营业成本设置为默认参数。

```
def func2(营业收入,营业成本=0):
    毛利=营业收入-营业成本
    return 毛利
func2(1000)
```

运行结果如下:

```
1000
```

(三)以参数名传递参数

在调用函数时,可以直接根据参数名去传递参数,通过参数名传递的参数称为关键字参数。

例 1-4-14

```
def f3(a,b=1):
    return a+b
f3(a=1,b=4)
```

运行结果如下:

```
5
```

通过参数名传递参数的优势在于可以打乱参数传递的顺序:

```
f3(b=4,a=1)
```

位置参数和默认参数均可通过参数名传递,但是在传递参数的过程中需要注意不能对同一个形参进行多次赋值。

例1-4-13 也可直接通过参数名传入：

```
func2(营业成本=200,营业收入=1000)
```

运行结果如下：

```
800
```

（四）可变参数

可变参数：是指传入的参数个数可变，可以接收任意个参数（包含0个），在参数前加 * 即表示可变参数，根据 * 个数可分为以下两种。

➢ *形参：表示可变位置参数（常用"*args"表示），在形参前加 *，调用时，多出的位置参数将会被接收形成一个元组。

➢ **形参：表示可变关键字参数（常用"**kwargs"表示），在形参前加 **，调用时，多出的关键字参数将会被接收形成一个字典。

例1-4-15 可变位置参数。

```
def f4(*args):
    return args
f4(1,2,3)
```

运行结果如下：

```
(1, 2, 3)
```

例1-4-16 可变关键字参数。

```
def f5(**kwargs):
    return kwargs
f5(a=1,b=2,c=3)
```

运行结果如下：

```
{'a': 1, 'b': 2, 'c': 3}
```

例1-4-17 定义一个函数，对任意多个数字求平均值。

```
def average(*args):
    return sum(args)/len(args)
average(4,8,12,24)
```

运行结果如下:

```
12.0
```

可变参数通常用于解决一些未知的情况,例如,当不确定求均值的数字有多少时即可使用可变位置参数,它可以接收任意多个数字,传入的数字形成一个元组,调用sum()函数求元组中元素之和,调用len()函数返回元组中元素的个数,即可求取平均值。

例 1-4-18 定义一个函数,计算利润总额。

```
def func3(营业收入,**其他项):
    '''其他项:接收利润表中其他影响利润总额的项目,包括营业成本、税金及附加、
    销售费用、管理费用、财务费用、资产减值损失、投资收益、营业外收入、营业外支
    出等,传入参数时,收入类用正号,成本类用负号'''
    利润总额=营业收入+sum(其他项.values())
    return 利润总额

func3(1000,营业成本=-400,管理费用=-50,销售费用=-100,营业外支出=-50)
```

运行结果如下:

```
400
```

自定义函数func3()的第一个参数为位置参数,接收营业收入金额,第二个参数为可变关键字参数,接收影响利润总额的其他项目,可变关键字参数将传入的参数形成一个字典,通过"其他项.values()"即可获取字典中所有值。

(五) 命名关键字参数

命名关键字参数(又称强制命名参数):是指限制某些参数必须使用参数名传递,以 * 作为分隔符,* 后面的参数被视为命名关键字参数。

例 1-4-19

```
def f6(a,b,*,c):
    print(a,b,c)
f6(1,2,c=4)
```

运行结果如下:

```
1 2 4
```

命名关键字参数也可提供默认值。

例 1-4-20

```
def f7(a,b,*,c=0):
    print(a,b,c)
f7(1,2)
```

运行结果如下:

```
1 2 0
```

如果想在可变位置参数后面增加固定名称的参数,该如何操作呢?

例 1-4-20

```
def f8(*args,b,c):
    print(args,b,c)
f8(1,2,3,4,5)
```

如果以上述方式传入参数,程序就会报错,如图 1-4-5 所示。

```
def f8(*args,b,c):
    print(args, b, c)
f8(1, 2, 3, 4, 5)
```
```
TypeError                                 Traceback (most recent call last)
<ipython-input-6-9ed4cbfd5590> in <module>
      1 def f8(*args,b,c):
      2     print(args, b, c)
----> 3 f8(1, 2, 3, 4, 5)

TypeError: f8() missing 2 required keyword-only arguments: 'b' and 'c'
```

图 1-4-5　例 1-4-20 运行结果

提示参数 b、c 必须以关键字传入,这是由于可变位置参数 * args 会将 1、2、3、4、5 全部收集,这就造成 b、c 没有赋值,所以若想在可变位置参数后面增加固定名称的参数,必须使用命名关键字参数,此时不需要添加分隔符,在调用例 1-4-20 的函数时,b、c 参数必须强制以参数名传递:

```
f8(1,2,3,b=4,c=5)
```

运行结果如下:

```
(1, 2, 3) 4 5
```

(六)参数组合

在 Python 中自定义函数时,位置参数、默认参数、可变参数、命名关键字参数可以组合使用,但是必须注意各参数的顺序。

参数定义的顺序必须是：位置参数、默认参数、可变位置参数、命名关键字参数、可变关键字参数。

例 1-4-21

```
def f9(a,b=0,*args,c,**kwargs):
    print(a,b,args,c,kwargs)
f9(1,2,3,4,5,c=1,d=1,e=2,f=3)
```

运行结果如下：

```
1 2 (3, 4, 5) 1 {'d': 1, 'e': 2, 'f': 3}
```

五、变量的作用域

（一）变量作用域

例 1-4-22 自定义函数 fn( )，并进行如下调用。

```
a=5
def fn():
    b=8
    c=12
    print(a)
    print(b)
fn()
print(c)
```

上述代码运行结果如图 1-4-6 所示。

图 1-4-6　例 1-4-22 运行结果

通过图 1-4-6 可以看到，调用自定义函数 fn( )，打印输出了变量 a、b 的值，而 print(c)时却提示 c 未定义，那么，为什么在函数体内部调用 print(a)可以运行成功，而在函数体外部 print(c)却运行失败呢？

变量 a 定义在函数体外部，而变量 b、c 定义在函数体内部，通过上述代码可知，变量并非在所有位置都可以调用，那么，对变量的调用有什么限制呢？

这就涉及变量的作用域，也就是指变量生效的区域，在不同作用域内同名变量之间互不影响。在 Python 中变量作用域分为局部作用域和全局作用域。

局部作用域（又称函数作用域）。
➢ 在函数调用时创建，在调用结束时销毁。
➢ 每调用一次就会产生一个新的函数作用域。
➢ 在函数作用域中定义的变量，都是局部变量（包含形参），只能在函数内部被访问。

全局作用域。
➢ 在程序执行时创建，在程序执行结束时销毁。
➢ 所有局部作用域以外的区域都是全局作用域。
➢ 在全局作用域中定义的变量，都属于全局变量，全局变量可以在程序的任意位置被访问。

使用变量时，按照如图 1-4-7 所示的规则来查找变量：

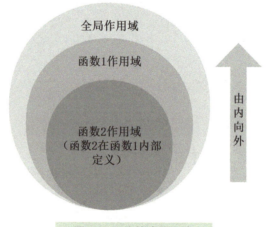

图 1-4-7　查找变量顺序

使用变量时，优先在当前作用域中寻找该变量，若有则使用，若没有则继续去上一级作用域中寻找，以此类推，直至查找完全局作用域，如果依然没有找到，则会抛出异常。

根据变量的作用域，例 1-4-22 中 a 属于全局变量，所以在函数 fn( )中可以调用，而 c 属于局部变量，只能在函数内部被访问。

（二）global 语句

有没有办法修改局部变量的作用域区间，使其在全局范围内可用呢？

Python 提供了 global 语句，可以把函数内的局部变量提升为全局变量，这样在函数外部也可以调用这个变量。

例 1-4-23 将例 1-4-22 中的局部变量 c 提升为全局变量。

```
a=5
def fn():
    global c          #将 c 提升为全局变量
    b=8
    c=12
    print(a)
    print(b)
fn()
print(c)
```

运行结果如下：

```
5
8
12
```

使用 global 语句将变量 c 提升为全局变量后，就能够正常地打印输出了。

六、高阶函数

（一）高阶函数

高阶函数是指可以调用其他函数作为参数的函数。

高阶函数

例 1-4-24 print 函数用于打印输出，下面尝试将 print 赋值给一个变量。

```
f=print
```

将 print 赋值给变量 f 后，是否可以通过变量 f 来调用 print 函数的功能呢？下面就试着调用 f 输出字符串：

```
f('货币资金')
```

运行结果如下：

货币资金

接着，再查看变量 f 的类型：

```
type(f)
```

运行结果如下：

builtin_function_or_method

通过 type 函数查看变量 f 的类型,返回的是内置函数,所以,f 就等同于 print( ) 函数的功能和性质,相当于给 print( ) 函数取了一个别名。

通过上述案例可知,变量是可以指向一个函数的,而函数的参数能够接收变量,那么,一个函数就可以接收另一个函数作为参数,这种函数被称为高阶函数。

例 1-4-25 自定义函数之高阶函数。

```
def func(a,function):
    return function(a)
```

自定义函数 func 的功能:对 a 调用 function 函数,并返回运算结果。
将 print 函数作为参数传递:

```
func(-1,print)
```

运行结果如下:

```
-1
```

该调用等效于 print(-1),返回-1。
将 abs 函数作为参数传递:

```
func(-1,abs)            #abs 函数求取绝对值
```

运行结果如下:

```
1
```

该调用等效于 abs(-1),即对-1 求绝对值,返回 1。

以上自定义函数就是一个简单的高阶函数,它可以接收另一个函数作为参数,Python 中常用高阶函数包括 filter( )、map( )、reduce( ),它们均用于可迭代对象;此外,高阶函数通常与匿名函数(lambda 表达式)联合使用。

(二) filter 函数

filter 函数:用于过滤不符合条件的元素,语法如下:

```
filter(function,可迭代对象)
```

该函数接收两个参数,第一个为函数,第二个为可迭代对象,对可迭代对象中的每个元素调用 function 函数,最后返回调用结果为 True 的元素,其返回值也是一个可迭代对象。

例 1-4-26 筛选出列表[2,5,8,12,15]中所有的偶数。

```
num=[2,5,8,12,15]
result=filter(lambda x:x%2==0,num)
print(list(result))          #list()将返回的可迭代对象转为列表
```

运行结果如下:

```
[2, 8, 12]
```

filter 函数运算的过程如图 1-4-8 所示:

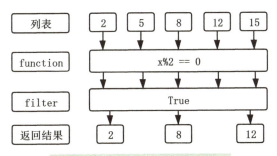

图 1-4-8　例 1-4-26 运算过程

调用 filter 函数后,将列表中的元素逐一传入匿名函数中进行判断,若返回为 True 则保留元素,否则过滤元素。

例 1-4-27　甲公司 1—4 月收入分别为 12 万元、15.5 万元、14 万元、17 万元。
要求:使用 filter 函数筛选出收入额在 15 万元以上的所有月份。
使用循环可以解决这个问题,下面,再尝试使用高阶函数:

```
#创建一个字典 income 接收 1—4 月收入
income={'1月':120000,'2月':155000,'3月':140000,'4月':170000}

#filter 函数(默认使用键值来筛选)
result=filter(lambda x : income[x] > 150000,income)

#list()函数将返回的可迭代对象转为列表
print(list(result))
```

运行结果如下:

```
['2月','4月']
```

依次取出字典中的 key,并通过 key 获取对应的 value 进行判断,最终返回所有符合条件的 key。

(三) map 函数

map 函数:根据提供的函数对指定序列做映射,语法如下:

```
map(function,可迭代对象1,可迭代对象2,…)
```

该函数第一个参数是一个函数,剩下的参数是一个或多个可迭代对象,以可迭代对象中的每一个元素调用 function 函数,返回的可迭代对象包含每次调用 function 函数的返回值,其返回值也是一个可迭代对象。

例 1-4-28　列表[2,5,8,12,15]中每个元素均乘 10。

```
num=[2,5,8,12,15]
result=map(lambda x :x* 10,num)
print(list(result))
```

运行结果如下:

```
[20, 50, 80, 120, 150]
```

map 函数运算的过程如图 1-4-9 所示:

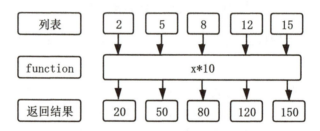

图1-4-9　例1-4-28 运算过程

调用 map 函数,将列表中的元素逐一传入匿名函数中进行运算,并返回所有运算结果。如果传入多个可迭代对象,那么要求每个可迭代对象包含的元素个数相同。

例 1-4-29　企业所得税法规定,企业发生的符合条件的广告费支出,不超过当年销售收入 15%的部分,准予当年扣除,甲、乙、丙、丁四家公司本年度销售收入及广告费分别如下:

```
income=[2450000,2880000,3240000,3540000]
expense=[300000,450000,480000,540000]
```

要求:使用 map 函数计算各公司本年准予税前扣除的广告费额度。

```
income=[2450000,2880000,3240000,3540000]
expense=[300000,450000,480000,540000]
result=map(lambda x,y : y if y<x*0.15 else x*0.15,income,expense)
print('广告费税前扣除额为：',list(result))
```

运行结果如下:

广告费税前扣除额为:[300000, 432000.0, 480000, 531000.0]

按照企业所得税法规定的标准定义匿名函数运算规则,依次传入收入、广告费列表,map 函数会依次取出对应的收入、广告费进行运算,并得到对应的返回结果。

(四) reduce 函数

reduce 函数:对参数可迭代对象中的元素进行累积,通常用于累加、累乘,语法如下:

reduce(function,可迭代对象,初始值)

reduce 依次从可迭代对象中取一个元素,和上一次调用 function 的结果做参数再次调用 function。

其中,function 和可迭代对象均为必选参数,初始值为可选参数,若提供初始值参数,function 函数先对初始值和可迭代对象中的第 1 个元素进行操作,得到的结果再与第 2 个元素用 function 函数运算,最后得到一个结果。

知识点拨

Python 3 中 reduce 函数在内置模块 functools 内部,所以需要先引入 functools 模块,才能调用 reduce 函数。

什么是模块呢?

在计算机程序开发的过程中,随着代码越写越多,一个文件中的代码就会越长,这样就不易于维护。所以为了更好地维护代码,Python 将许多函数进行分组,放在不同的文件中,这样,每个文件中的代码就相对较少,这些文件(即 Python 文件,以 .py 结尾)被称为模块,也就是说,模块就是一组 Python 代码的集合。

模块除了可以提高代码的可维护性之外,还可以提高编写代码的效率,比如,之前自定义了计算摊余成本的函数就可以写入到一个模块中,这样,在需要使用的时候,就可以直接引入模块中的函数,而不必从零开始编写代码。

Python 可以调用的模块包含内置模块及第三方模块,本任务中的 functools 就属于 Python 的内置模块,后续学习 NumPy、Pandas 等都属于第三方模块,也称为第三方库。

模块的引入方法:引入模块使用 import 关键字,以 functools 模块为例:

```
#方法一:引入整个模块
#当调用模块中的函数时,必须包含模块名字,例:functools.reduce
import functools

#方法二:从模块中引入某一个指定的部分
#可直接调用函数,不需要包含模块名
from functools import reduce
```

```
#方法三：把一个模块中的所有内容全部引入
#可直接调用函数,不需要包含模块名
from functools import *
```

例 1-4-30 使用 reduce 函数计算 1—5 累加值：

```
import functools
num=[1,2,3,4,5]
result=functools.reduce(lambda x,y:x+y,num)
print(result)
```

运行结果如下：

```
15
```

reduce 函数运算过程如图 1-4-10 所示：

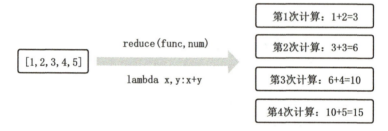

图 1-4-10　例 1-4-30 运算过程

第一次运算,reduce 函数会取出列表中的前两个元素累加(1+2)。
第二次运算,reduce 函数会以第一次运算的结果(3)与列表中第三个元素(3)累加。
以此类推,直至得到最后一个结果(15)。

例 1-4-31 甲公司 1—4 月收入分别为 12 万元、15.5 万元、14 万元、17 万元,使用 reduce 函数计算 1—4 月收入总额。

```
import functools
income=[120000,155000,140000,170000]
result=functools.reduce(lambda x,y:x+y,income)
print(result)
```

运行结果如下：

```
585000
```

在实际工作中,可以直接调用 sum 函数对列表求和。

例 1-4-32　计算所有正整数的阶乘(n! = 1×2×3×⋯×n)。

```
import functools
n=int(input('请输入一个正整数:'))
print(functools.reduce(lambda x,y:x*y,range(1,n+1)))
```

运行结果如下:

```
请输入一个正整数:5
120
```

使用 int 函数将用户输入的数字 n 转换为整型,range(1,n+1)返回一个 1 到 n 的不可变数字序列,调用 reduce 函数即可完成任意正整数的阶乘。

项目二 数据获取

项目描述

网络爬虫在信息搜索和数据挖掘过程中扮演着重要的角色,对爬虫的研究开始于20世纪,目前爬虫技术已趋于成熟。本项目简单介绍爬虫的相关概念,讲解使用Python编写爬虫的相关知识,以及网络爬虫实现的原理。

学习目标

1. 了解爬虫的含义及工作原理。
2. 了解爬虫的基本工作流程。
3. 了解 Requests 库基本方法。
4. 掌握 requests.get( ) 方法的应用。
5. 掌握 Response 对象的重要属性。
6. 掌握数据保存的方法。
7. 掌握 try except 语句的应用。
8. 掌握爬虫框架的搭建及爬虫函数的应用。

什么是爬虫

大数据分析是基于商业目的,有目标地进行数据收集、处理、加工、分析,提炼出有价值的信息的过程。大数据分析通用流程如图2-0-1所示:

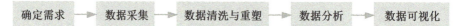

图 2-0-1　大数据分析通用流程

在明确数据分析需求后,第一步就是进行数据采集,随着大数据时代的到来,通过对海量数据进行分析,能够产生极大的商业价值,那么,如何才能获取大量数据呢?

数据获取方式包括以下几种。

➤ 企业产生的数据:在企业生产运营中会产生与自身业务相关的大量数据。
➤ 数据平台购买的数据:数据平台是以数据交易为主营业务的平台。
➤ 数据管理咨询公司的数据:数据管理咨询公司为提供专业的咨询服务,会收集大量与特定业务相关的数据作为支撑。
➤ 政府、机构公开的数据:政府会发布一些公开的统计数据或信息,成为行业内权威信息的来源。

▶爬取的网络数据：利用爬虫技术，即可自动抓取所需要的数据，获取更多数据源，提高数据分析的效率和效果。

本项目主要介绍如何通过爬虫获取所需数据。

任务一　爬虫概述

数据，是一切分析的前提。在如今大数据的时代，要进行数据分析，首先我们要获取数据。一般对数据的获取来自两个方面：内部数据和外部数据。内部数据，无非就是在自己公司的数据库或数据统计平台中根据分析的需要取数，导出需要的数据即可。而面对海量的外部数据，则需要数据抓取神器——爬虫来进行辅助，从而实现自动抓取网络信息的程序。

一、什么是爬虫

（一）什么是爬虫

爬虫概述

爬虫（网络爬虫），是一种按照一定规则，自动抓取网络信息的程序。

可以将网络爬虫理解为在网络上爬行的一只蜘蛛，互联网就像一张大网，爬虫便是在这张网上爬来爬去的蜘蛛，如果遇到猎物（所需的资源），就会将其抓取下来。所以爬虫的目的在于将目标网页数据下载至本地，以便于进行后续的数据分析。

而 Python 是一门非常适合网络爬虫的编程语言，提供了许多爬虫相关的库（如 Requests 库），可以高效实现网页抓取，并可用极短的代码完成网页的标签过滤功能。

如图 2-1-1 所示的代码，通过调用自定义爬虫函数 spider，即可快速获取上市公司的数据。

```
# 爬取该行业上市公司财务报表摘要
for i in codeList:
    spider('https://keyun-oss.oss-cn-beijing.aliyuncs.com/app/bigdata/2019/company/year/cwbbzy_'+i+'.csv','./行业数据/'+i+'_cwbbzy.csv')
文件 ./行业数据/600777_cwbbzy.csv 下载成功！
文件 ./行业数据/000552_cwbbzy.csv 下载成功！
文件 ./行业数据/600121_cwbbzy.csv 下载成功！
文件 ./行业数据/600403_cwbbzy.csv 下载成功！
文件 ./行业数据/600871_cwbbzy.csv 下载成功！
文件 ./行业数据/300164_cwbbzy.csv 下载成功！
文件 ./行业数据/600759_cwbbzy.csv 下载成功！
文件 ./行业数据/300084_cwbbzy.csv 下载成功！
文件 ./行业数据/000506_cwbbzy.csv 下载成功！
文件 ./行业数据/601225_cwbbzy.csv 下载成功！
文件 ./行业数据/600711_cwbbzy.csv 下载成功！
文件 ./行业数据/002554_cwbbzy.csv 下载成功！
```

图 2-1-1　调用自定义爬虫函数 spider 获取数据

（二）爬虫原理

在日常工作学习中，经常需要浏览网页上的信息，只需要打开浏览器，输入网址，即可浏览网页上的文字、图片，那么，这一过程是如何实现的呢？

浏览网页的过程可以总结为以下几步。
- 用户输入网址，计算机提取域名。
- 浏览器查找域名对应的 IP 地址。
- 浏览器获取 IP 地址后，向此 IP 地址发起对该资源的访问请求。
- 服务端响应请求，并把相应的数据传给浏览器（返回 HTML 页面），浏览器将 HTML 页面解析后就是我们看到的文字和图片。

知识点拨

HTML（超文本标记语言）是用来描述网页的一种语言。用户看到的网页实质是由 HTML 代码构成的。

这里为什么要介绍浏览网页的过程呢？

因为，简单来说，爬虫就是模拟用户浏览网页的操作，通过模拟浏览器向网站发送请求，获取资源后提取有用的数据并保存。所以原则上，只要浏览器能做的事情，爬虫都能做到。但是，目前许多网页都设置了反爬虫功能，所以，想要随意爬取数据是非常困难的。

理论上，网络上的资源都可以获取，爬取数据类型包括 HTML 文档、json 格式化文本、二进制文件（图片和视频）及其他各类数据。

json 是一种轻量级的数据交换格式，易于编写和阅读，也易于机器解析，是理想的数据交换语言。json 文本格式类似于 Python 中的字典，在爬虫中使用非常广泛。

二、爬虫基本流程

（一）爬虫基本流程

爬虫基本流程可以总结为以下四步（图 2-1-2）。

图 2-1-2　爬虫基本流程

- 发送请求：通过 URL 向服务器发送 HTTP 请求。
- 获取响应内容：若服务器正常响应，会返回一个 Response 响应（所要获取的页面内容，可能为 html、json、二进制数据等）。
- 解析内容：对返回的响应内容进行解析，提取所需数据。
- 保存数据：可将数据保存为各种形式，如数据库或特定格式的文件（如：json、csv 文件等）。

（二）HTTP 协议

在访问网页时，服务器把网页传给浏览器，实际上就是把网页的 HTML 代码发送给浏览器，让浏览器显示出来。而浏览器和服务器之间的传输协议是 HTTP。

HTTP 协议：超文本传输协议，是互联网上应用最为广泛的一种网络协议，所有网页文件都必须遵守这个标准，设计 HTTP 最初的目的是提供一种发布和接收 HTML 页面的方法。

例如，我们看到的网址是这样的：www.baidu.com，但在浏览器中输入网址后，会发现它变成了这样：https://www.baidu.com，这是因为所有的网页传播都必须遵守 HTTP 协议。可以看到这里是 https，https 简单理解就是在 http 的基础上，增加了对网站服务器的身份认证，同时保护交换数据的隐私与完整性。

HTTP 协议是一种基于"请求与响应"模式的、无状态（每次请求都是独立的，同一个客户端的这次请求和上次请求没有对应关系）的应用层协议，采用 URL 作为定位网络资源的标识符。

URL：统一资源定位符，也就是网址，URL 是对互联网上资源位置和访问方法的一种简洁的表示，是互联网上标准资源的地址。互联网上的每个文件都有一个唯一的 URL，它包含的信息指出文件的位置及浏览器应该怎么处理它。

爬虫爬取数据时，必须有一个目标 URL 才可以获取数据，URL 是爬虫获取数据的基本依据。

一个网页对应一个唯一的 URL，网页中加载的图片、视频、文件也同样对应一个唯一的 URL，在一个 HTML 页面中可能存在多个 URL，若想获取一个页面内所有 URL 链接，则需在爬取网页后，利用 Python 解析库对爬取的页面进行解析，提取所有 URL。

本书中爬虫所涉及的 URL 均为最内层，爬虫过程中无需使用解析库解析响应内容。

任务二　运用爬虫工具获取数据

大数据是一种需要专门技术来处理才能发挥强大决策力、洞察发现力和流程优化力的信息资产，这种数据集合的规模大到无法使用传统数据处理方法来获取、存储、管理和分析。因此，要发挥大数据的作用，必须提高运用大数据爬虫工具来解决问题的能力。

运用爬虫工具
获取数据

一、Requests 简介

（一）HTTP 协议对资源的操作

HTTP 协议对资源的操作方法见表 2-2-1。

表 2-2-1　HTTP 协议对资源的操作方法

方法	说明
GET	请求获取 URL 位置的资源
HEAD	请求获取 URL 位置资源的响应消息报告，即获得资源的头部信息

续表

方法	说明
POST	请求向 URL 位置的资源后附加新的消息
PUT	请求向 URL 位置存储一个资源,覆盖原 URL 位置的资源
PATCH	请求局部更新 URL 位置的资源,即改变该处资源的部分内容
DELETE	请求删除 URL 位置存储的资源

以上方法中,GET、HEAD 是从服务器获取信息到本地,POST、PUT、PATCH、DELETE 是从本地向服务器提交信息。

HTTP 协议通过 URL 对资源作定位,通过以上方法对资源进行管理,每次操作都是独立无状态的。

在网络上,对服务器数据进行修改是比较困难的,在实际中 GET 是最为常用的方法。

(二) Requests 简介

Requests 库是一个功能强大的网络请求库,可以请求网站获取网页上的数据。引入规则如下:

```
import requests
```

Requests 库中的基本方法与 HTTP 协议对资源的操作方法是一一对应的,所以,通过 Requests 就可以模拟浏览网页时请求网页的过程,具体方法见表 2-2-2。

表 2-2-2　Requests 库基本方法

方法	说明
requests.request( )	构造一个请求,最基本的方法,是下面方法的支撑
requests.get( )	获取 HTML 网页
requests.head( )	获取 HTML 网页的头部信息
requests.post( )	向 HTML 网页提交追加资源请求
requests.put( )	向 HTML 网页提交覆盖资源请求
requests.patch( )	向 HTML 网页提交局部修改请求
requests.delete( )	向 HTML 网页提交删除请求

二、requests.get( )

(一) requests.get( )

爬取网页最简单的方法如下:

```
r=requests.get(url)
```

通过 requests 调用 get( )方法,传入需要获取资源的 URL,即可构造一个 HTTP 请求,并获取响应内容,如图 2-2-1 所示。

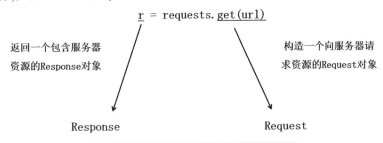

图 2-2-1　requests.get( )函数介绍

(二) Response 对象

Response 对象包含爬虫返回的内容,其重要属性见表 2-2-3。

表 2-2-3　Response 对象重要属性

属性	说明
r.status_code	请求返回状态码,200 表示连接成功,404 或其他表示失败
r.text	响应内容的字符串形式,即 URL 对应的页面内容
r.content	响应内容的二进制形式
r.headers	网页头部信息,有关响应的补充信息,如响应数据的文件类型等
r.encoding	从网页头部信息(header)中猜测的响应内容编码方式
r.apparent_encoding	从内容中分析出的响应内容编码方式(备选编码方式)

这里需要注意的是,只有返回状态码为 200(连接成功),才能正常查看其他属性。

(三) Response 编码问题

例 2-2-1　爬取"科云大数据中心"——平安银行股份有限公司的资产负债表。

```
#引入 requests
import requests

#发送请求(爬取"科云大数据中心"——平安银行股份有限公司的资产负债表)
r=requests.get('https://keyun-oss.acctedu.com/app/bigdata
            /2019/company/year/zcfzb_000001.csv')

#检测请求的状态码
print(r.status_code)

#查看响应内容
r.text
```

运行结果如图 2-2-2 所示：

```
200
'æ\x8a¥á\x91\x8aæ\x97¥å\x9c\x9f, 2019-12-31, 2018-12-31, 2017-12-31, 2016-12-31, 2015-12-31, 2014-12-31, 2013-12-31, 2012-12-31, 2011-12-31, 2010-12-3
1, 2009-12-31, 2008-12-31, 2007-12-31, 2006-12-31, 2005-12-31, 2004-12-31, \r\nè\x90¥ä\x9aæ\x80»æ\x94¶å\x85¥(ä, \x87å\x85\x83), 13795800, 11671600, 10
578600, 10771500, 9616300, 7340700, 5218900, 3974865, 2964306, 2022228, 1511444, 1451312, 1080750, 781787, 545055, 531012, \r\nè\x90¥ä, \x9aæ\x94¶å\x85¥(ä,
\x87å\x85\x83),--,--,--,--,--,--,--,--, 2964306, 1802228, 1511444, 1451312, 1080750, 781787, 545055, 531012, \r\nè\x88©æ\x81⁻æ\x94¶å\x85¥(ä, \x87å\x85
\x83), 17754900, 16288800, 14806800, 13111900, 13164900, 11920200, 9310200, 7461368, 5233070, 2625179, 2198551, 2646526, 1804390, 1206842, 866401, 865725, \r
\ná·²è\x9aä¿\x9dè''(ä, \x87å\x85\x83),--,--,--,--,--,--,--,--,--,--,--,--,--,--,--,--, \r\nè\x89\x8bç»\xadè''å\x8f\x8aä½£é\x87\x91æ\x94¶å
¥(ä, \x87å\x85\x83), 4590300, 3936200, 3572500, 3130900, 2918500, 1970600, 1182100, 644952, 412960, 183638, 138697, 105665, 66775, 42199, 30709, 24748, \r\næ
\x88¿å\x9c°äº§é\x94\x80å\x94®æ\x94¶å\x85¥(ä, \x87å\x85\x83),--,--,--,--,--,--,--,--,--,--, \r\nå\x85¶â»\x96ä, \x9aå\x8aj\x
94¶å\x85¥(ä, \x87å\x85\x83), 11000, 17000, 18600, 14600, 16100, 21300, 15000, 15477, 13288, 14750, 12871, 11394, 16497, 11305, 7293, 7575, \r\nè\x90¥ä, \x9aæ\x
80»æ\x88\x90æ\x9c⁻(ä, \x87å\x85\x83), 4214200, 3654000, 3654000, 7556300, 7793600, 6726800, 4716100, 3223400, 2220699, 1651036, 1017272, 895531, 1370969, 503180, 37
9062, 301373, 286987, \r\nè\x90¥ä, \x9aæ\x88\x90æ\x9c⁻(ä, \x87å\x85\x83),--,--,--,--,--,--,--,--, 1651036, 1017272, 895531, 1370969, 503180, 379062, 301
373, 286987, \r\ná\x88©æ\x81⁻æ\x94⁻å\x87'(ä, \x87å\x85\x83), 8758800, 8814300, 7405900, 5470800, 6555000, 6615600, 5241400, 4157832, 2704092, 1042260, 900
114, 136738, 843805, 506877, 377034, 372395, \r\næ\x89\x8bç»\xadè''å\x8f\x8aä½£é\x87\x91æ\x94⁻å\x87'(ä, \x87å\x85\x83), 916000, 806500, 505100, 34500
0, 274000, 232800, 136500, 72824, 46493, 25123, 20619, 20526, 14704, 7604, 6799, 5964, \r\næ\x88¿å\x9c° äº§é\x94\x80å\x94®æ\x88\x90æ\x9c⁻(ä, \x87å\x85\x8
3),--,--,--,--,--,--,--,--,--,--,--,--, \r\nç\xa0\x94å\x8f\x91è''ç\x94⁻(ä, \x87å\x85\x83),--,--,--,--,--,--,--,--,\r\nè\x94ä\x98æ\x94⁻å\x87'å\x87\x80
--,--,--, \r\né\x80\x80ä¿\x9dé\x87\x91(ä, \x87å\x85\x83),--,--,--,--,--,--,--,--,--,--, \r\nèµ\x94ä\x98å»\x94⁻å\x87'å\x87\x80
```

图 2-2-2　例 2-2-1 运行结果

从运行结果可知，返回的状态码是 200，表明连接成功，那么，为什么使用 r.text 查看响应内容会产生乱码呢？

请求发出后，requests 会基于 HTTP 头部信息对响应的编码方式做出推测，当访问 r.text 时，requests 会使用其推测的编码方式进行解码，并显示网页内容，见表 2-2-4。

表 2-2-4　requests 解码

属性	说明
r.encoding	从网页头部信息（header）中推测的响应内容编码方式
r.apparent_encoding	从内容中分析出的响应内容编码方式（备选编码方式）

查看从头部信息推测出的编码方式：

```
r.encoding
```

运行结果如下：

```
'ISO-8859-1'
```

ISO-8859-1 编码方式支持部分欧洲语言，但不支持中文，当响应内容存在中文就无法解析。

乱码解决方法：

```
r.encoding=r.apparent_encoding
```

原理：通过 r.apparent_encoding 属性获取响应内容真实的编码方法，再用 r.encoding 指定该编码，r.text 将会根据指定的编码解析网页。

查看响应内容的真实编码方式：

```
r.apparent_encoding
```

运行结果如下：

'utf-8'

utf-8编码适用于汉字处理、汉字通信等系统之间的信息交换。

例 2-2-2 指定真实编码,并查看响应内容。

```
r.encoding=r.apparent_encoding        #指定编码
r.text                                #查看响应内容
```

运行结果如图 2-2-3 所示:

图 2-2-3 例 2-2-2 运行结果

改变编码后,访问 r.text 时,requests 都将使用 r.encoding 的新值,这样就可以返回正常的文本内容了。

(四)Response 对象异常

在访问网页的过程中,常常会遇到许多异常情况,如网络连接错误、请求超时等,一旦出现异常,就无法获取响应内容。

获取网页时,只有 Response 对象返回状态码为 200(连接成功),才能顺利爬取网页内容,r.status_code 属性返回状态码,那么,爬虫过程中可以使用 if 语句进行判断:

```
if r.status_code==200:
    代码块 1
else:
    代码块 2
```

使用 if 条件语句是常规解决方法,此外,requests 还提供另一种方法:

r.raise_for_status():在方法内部判断 r.status_code 是否为 200,如果不是 200,则产生异常。使用该方法就不需要增加 if 语句,可以简化代码。

三、数据保存

(一)数据保存

使用 requests.get()爬取数据后,需要将数据保存至本地,方便后续直接调用,保存文件类型包括 json 格式、csv 格式、xlsx/xls 格式等,具体保存为什么类型的文件可以根据爬取到的文件类型确定。

在 Python 中,在读写文件时,一般使用 with 进行上下文的管理,它可以自动关闭文件,其基本语法格式:

```
with 表达式 as 变量:        #表示将表达式返回的结果保存到该变量中
    代码块
```

保存数据的方法:打开一个文件,并写入具体内容。语法如下:

```
with open('文件名称','写入模式',编码方式) as f:
    f.write()
```

1. open()函数

open()函数:可以打开一个文件,并创建一个 file 对象。函数语法如下:

```
open(file, mode='r', buffering=-1, encoding=None, errors=None,
newline=None, closefd=True, opener=None)
```

其常用参数见表 2-2-5。

表 2-2-5 open()函数常用参数

常用参数	说明
file	打开并返回一个文件对象
mode	打开文件的模式,默认为"r",表示只读
encoding	设定打开文件时使用的编码方式

mode 参数指明打开文件的模式,其常用模式见表 2-2-6。

表 2-2-6 mode 参数常用模式

模式	说明
r	以只读方式打开文件,默认模式,文件必须存在
w	打开一个文件用于重新写入,若该文件已经存在,则打开文件,并从开头开始编辑,原有内容被覆盖,若该文件不存在,则创建新文件写入
a	打开一个文件用于追加,若文件存在,新的内容将追加写入已有内容之后,若该文件不存在,则创建新文件写入
b	表示处理二进制文件,包括 rb、wb、ab

其中,r、w、a 表示处理文本文件,需要指定编码方式,一般设置 encoding='utf-8',rb、wb、ab 表示处理二进制文件,不需要指定编码方式。

2. write( )函数

write( )函数：表示向文件中写入指定内容。其语法如下：

```
write(data)
```

data：表示写入的数据，包括字符串类型（str）、二进制类型（bytes）。

知识点拨

文件打开模式带 b（rb、wb、ab）时，写入的数据必须是二进制类型。

那么，字符串与二进制类型是否可以转换呢？字符串和二进制之间通过编码和解码的方式来实现转换：

➤ str 通过 encode 方法转化为 bytes。
➤ bytes 通过 decode 方法转化为 str。

这里需要注意的是，编码方式与解码方式必须一样，否则将产生乱码；此外，默认的编码方式为 utf-8。

（二）数据写入形式

write( )函数可以写入字符串形式，也可以写入二进制形式，那么，在保存数据时到底该使用什么形式写入呢？

常用文件类型总结如下。

➤ r.text：json 文件、csv 文件等文本型文件。
➤ r.content：Excel 文件（xlsx/xls）、图片类文件（png/jpg）、视频类文件（mp4）等。

爬取网页后，可以根据响应内容的格式选择文件类型，本课程文本类型仅涉及 json、csv 文件，二进制类型仅涉及 Excel 文件，具体写入语法如下：

```
#r.text 写入文件：写入文本文件必须指定编码方式
with open('文件名称','w',encoding='utf-8') as f:
    f.write(r.text)


# r.content 写入文件，无须指定编码方式
with open('文件名称','wb') as f:
    f.write(r.content)
```

例 2-2-3　在例 2-2-2 中，爬取到的资产负债表是以 csv 文件存储的，则直接将 r.text 写入一个 csv 文件即可保存。

```
# r.text 写入文件，文件类型为 csv
with open('000001-zcfzb.csv','w',encoding='utf-8') as f:
    f.write(r.text)
```

写入文件后,打开 csv 文件可以看到如图 2-2-4 所示内容:

图 2-2-4　例 2-2-3 运行结果

四、自定义爬虫函数

(一) try except 语句

在爬虫的过程中,网络无法连接或请求超时等都将导致无法正常获取信息,发生这些异常情况后,程序就会中断并提示错误。所以在搭建爬虫框架时,可以使用 try except 语句,它是 Python 中的异常处理语句,可以捕获并处理异常,语法如下:

```
try:
    代码块 1          #可能产生异常的代码
except:
    代码块 2          #异常处理代码
```

try except 语句用来检测 try 语句中的错误,从而让 except 语句捕获异常信息并处理;try 语句先执行,若发生异常情况,则执行 except 语句。

例 2-2-4　输入一个数字,若不是数字,则重新输入。

```
while True:
    try:
        x=int(input("请输入一个数字:"))
        break
    except:
        print("您输入的不是数字,请再次尝试输入!")
```

运行结果如下:

```
请输入一个数字：a
您输入的不是数字,请再次尝试输入!
请输入一个数字：s
您输入的不是数字,请再次尝试输入!
请输入一个数字：2
```

上述案例中,while True 语句可以创建一个无限循环,若 try 语句未产生异常(输入的是数字),则执行 break 语句直接退出循环,若 try 语句产生异常(输入非数字),则直接执行 except 语句,并继续下次循环。

(二) 自定义爬虫函数

例 2-2-5 根据 Requests 库相关内容自定义爬虫函数(仅考虑 Excel、json、csv 三种文件类型)。

```
#自定义爬虫函数：url、filename 均为字符串类型
import requests                    # 引入库
def spider(url,filename):
    try:
        r=requests.get(url,timeout=5)
        r.raise_for_status()
        r.encoding=r.apparent_encoding
        if(filename.endswith("xls") or filename.endswith("xlsx")):
            with open(filename,'wb') as f:
                f.write(r.content)
        else:
            with open(filename,'w',encoding='utf-8') as f:
                f.write(r.text)
        return print('文件：',filename,'下载成功!')
    except:
        return print('下载失败!')
```

知识点拨

timeout：设定超时时间,以秒为单位,为防止服务器响应缓慢,可以设置该参数,若在指定时间内没有收到响应,则抛出异常。

str.endswith()：如果字符串以指定值结尾,则返回 True,否则返回 False。

例 2-2-6 登录"科云大数据中心",使用自定义爬虫函数爬取"采矿业"所有上市公司股票代码及相关信息,并将爬取数据保存为 json 文件,文件名为"cky.json"。

```
spider('https://keyun-oss.acctedu.com/app/bigdata/2019/block
       /hy002000.json','cky.json')
```

运行结果如下：

```
文件：cky.json 下载成功！
```

（三）科云爬虫函数

科云第三方库提供了爬虫函数 spider()，函数语法及参数说明见表 2-2-7。

```
spider(url,filename)
```

表 2-2-7 爬虫函数 spider() 的语法及参数说明

参数	说明	参数	说明
url	str，需要爬取数据的网址	filename	str，爬取后保存的文件名

例 2-2-7 引入科云第三方库，调用爬虫函数获取数据。

```
#科云第三方库
from keyun.utils import *

#调用爬虫函数
spider('https://keyun-oss.acctedu.com/app/bigdata/2019/block
       /hy002000.json','cky.json')
```

在需要获取大数据中心的数据时，可直接调用 keyun.utils 中的 spider() 函数，这样就无需再搭建爬虫框架。

项目三　数据处理

项目描述

海量的原始数据,由于来源渠道不同、质量不同等各种因素,导致其并不能提供直接有效的决策支持。因此,在获取数据后,还需要对数据做进一步的清洗、加工和处理,于是 Python 的一大数据处理利器——Pandas 便应运而生。本项目介绍 Pandas 对数据的创建和读取、对数据的筛选和清洗、对数据结构的特征进行分析等相关操作。通过学习本项目,面对数据分析时存在的大量数据存储和处理问题,学习者可以运用 Python 提供的 Pandas 库作为解决方案。

学习目标

1. 认识 Pandas 起源——NumPy。
2. 掌握 Pandas 数据类型及常用函数。
3. 掌握 Pandas 对不同文件的读取。
4. 掌握数据筛选。
5. 掌握对重复值、缺失值及其他异常的处理。
6. 掌握描述性统计分析函数、累计统计函数、数据排序函数应用。
7. 掌握分组函数、聚合函数的应用。
8. 掌握数据合并、转换函数的应用。

财会界的功夫熊猫:Pandas

任务一　数据分析入门

任务描述

Pandas 是非常著名的开源数据处理库,其基于 NumPy 开发,该工具是 Scipy 生态中为了解决数据分析任务而设计的。Pandas 纳入了大量库和一些标准的数据模型,提供了高效地操作大型数据集所需的函数和方法。特有的数据结构是 Pandas 的优势和核心。简单来讲,我们可以将任意格式的数据转换为 Pandas 的数据类型,并使用 Pandas 提供的一系列方法进行转换、操作,最终得到我们期望的结果。

知识技能

一、Pandas 起源

Pandas 的中文译为"熊猫",但是在 Python 中,Pandas 是一个扩展程序库,可以把它理解为数据工具箱,用于数据分析。Pandas 的优点在于,它纳入了大量数据库和数据模型,提供了高效地操作大型数据集所需的工具。因此,使用它处理数据会更加简单、便捷。经过多年的发展与完善,目前 Pandas 已被广泛应用于大数据分析的各个领域。

Pandas 是基于 NumPy 的一种工具,最初是作为金融数据分析工具而开发出来的。NumPy 是 Python 语言的第三方库,是一个非常重要且使用率很高的科学计算包。它支持大量维度数组与矩阵运算,此外也针对数组运算提供了大量的数学函数库,计算速度非常快,是 Pandas 等与科学计算相关模块的依赖包。

Pandas 与 NumPy 两者之间的区别在于其作用不同,简单来说,Pandas 是专门为处理表格和混杂数据而设计的,而 NumPy 更适合处理统一的数值数组数据。

二、Pandas 数据结构

Pandas 引入规则:

```
import pandas as pd
```

Pandas 数据结构

Pandas 包含两种数据类型:Series 和 DataFrame。

(一)Series

Series 是一种一维数据结构,能够保存任何数据类型(如整数、浮点数、字符串等),相当于 Excel 表中的一列。类似于 Python 列表,由一组数据及与之相关的数据索引组成,每个元素带有一个自动索引(索引从 0 开始,也称为原始索引),除自动索引外,还可以自定义索引,自定义索引可以是数字或字符串(自定义索引可重复)。

Series 类型可由 Python 列表、字典、NumPy 数组等数据类型创建,Series 数据类型使用其同名函数创建。

例 3-1-1

```
import pandas as pd
a=pd.Series([11,12,13,14])
print(a)
```

运行结果如下:

```
0    11
1    12
```

```
2    13
3    14
dtype: int64
```

左边一列从 0 开始的数字是索引,在不指定索引的情况下,默认为原始索引,右边一列是数据项,dtype 是数据项的数据类型。如果想要自定义索引,那么可以传入 index 参数:

```
a=pd.Series([11,12,13,14],index=[1,2,3,4])
print(a)
```

运行结果如下:

```
1    11
2    12
3    13
4    14
dtype: int64
```

(二) DataFrame

DataFrame 二维数据结构,相当于 Excel 表格,DataFrame 是最常用的 Pandas 数据类型,也是财务数据在 Python 中的最佳存储方式。DataFrame 是一个表格型的数据类型,每列值数据类型可以不同,DataFrame 既有行索引,也有列索引,常用于表达二维数据。

1. DataFrame 的创建

DataFrame 由其同名函数创建,语法如下:

```
pd.DataFrame(data,columns=[序列],index=[序列])
```

若不传入 columns 和 index 参数,则默认为自动索引(从 0 开始)。
通常以二维数据创建 DataFrame,例如可以由以下数据类型创建。
➢ 二维 ndarray 对象、二维列表、二维元组等。
➢ 一维 ndarray 对象、列表、字典、元组或 Series 构成的字典。

例 3-1-2 根据表 3-1-1 的内容,通过二维列表创建 DataFrame。

表 3-1-1 通过二维列表创建 DataFrame 举例

时间	资产总额	负债总额	所有者权益总额
7月31日	18 400 000	7 360 000	11 040 000
8月31日	23 500 000	10 575 000	12 925 000
9月30日	24 320 000	10 214 400	14 105 600

```
#引入pandas
import pandas as pd

#创建二维列表
data=[['7月31日',18400000,7360000,11040000],
      ['8月31日',23500000,10575000,12925000],
      ['9月30日',24320000,10214400,14105600]]

#创建DataFrame
df=pd.DataFrame(data,columns=['时间','资产总额','负债总额','所有者权
       益总额'],index=range(1,4))
df
```

运行结果如图3-1-1所示：

	时间	资产总额	负债总额	所有者权益总额
1	7月31日	18400000	7360000	11040000
2	8月31日	23500000	10575000	12925000
3	9月30日	24320000	10214400	14105600

图3-1-1 例3-1-2运行结果

如图3-1-1所示的表格还可以通过字典来创建，可以得到同样的结果：

```
#创建字典
data={'时间':['7月31日','8月31日','9月30日'],
      '资产总额':[18400000,23500000,24320000],
      '负债总额':[7360000,10575000,10214400],
      '所有者权益总额':[11040000,12925000,14105600]}

#创建DataFrame
df=pd.DataFrame(data,index=range(1,4))
df
```

可以看到与列表创建方式不同，使用字典创建DataFrame，将键作为列索引，但两者可以得到同样的结果。

2. DataFrame 的属性

DataFrame 的属性见表 3-1-2。

表 3-1-2 DataFrame 的属性

属性	说明	实例	结果
index	DataFrame 的行索引属性	df.index	RangeIndex(start=1,stop=4,step=1)
columns	DataFrame 的列索引属性	df.columns	Index(['时间','资产总额','负债总额','所有者权益总额'],dtype='object')
values	DataFrame 的 numpy 原生二维数组数据	df.values	[['7月31日' 18400000 7360000 11040000] ['8月31日' 23500000 10575000 12925000] ['9月30日' 24320000 10214400 14105600]]
dtypes、size、shape、ndim	DataFrame 具有 ndarray 数组的部分属性	df.dtypes	时间　　　　　　object 资产总额　　　　int64 负债总额　　　　int64 所有者权益总额　int64 dtype: object

3. DataFrame 与 Series 的相互转化

DataFrame 单独取一列或一行就是一个 Series，也可以将 Series 转化为 DataFrame。

例 3-1-3

```
#取 DataFrane 的一列
a=df['资产总额']

#打印该列并查看数据类型
print(a)
type(a)
```

运行结果如下：

```
1    18400000
2    23500000
3    24320000
Name: 资产总额, dtype: int64

pandas.core.series.Series
```

通过 type 函数可以看到 a 的数据类型为 Series，接下来再将 Series 转化为 DataFrame。

例 3-1-4

```
df1=pd.DataFrame(a)
df1
```

运行结果如图 3-1-2 所示：

	资产总额
1	18400000
2	23500000
3	24320000

图 3-1-2　例 3-1-4 运行结果

4. DataFrame 的简单运算

DataFrame 可以直接取出行列数据进行加减乘除等运算，以例 3-1-2 创建的 DataFrame 为例，计算各时点资产负债率。

例 3-1-5

```
#直接对列进行计算
df['资产负债率']=df['负债总额']/df['资产总额']

#查看 df
df
```

运行结果如图 3-1-3 所示：

	时间	资产总额	负债总额	所有者权益总额	资产负债率
1	7月31日	18400000	7360000	11040000	0.40
2	8月31日	23500000	10575000	12925000	0.45
3	9月30日	24320000	10214400	14105600	0.42

图 3-1-3　例 3-1-5 运行结果

DataFrame 具有自动对齐功能，计算结果与索引一一对应；计算后 DataFrame 可以直接新增列存储计算结果。

5. DataFrame 基本函数

DataFrame 的操作函数有许多，本节简单介绍几个基本函数，见表 3-1-3。

表 3-1-3　DataFrame 基本函数

基本函数	描述
rename( )	修改行索引/列名
insert( )	插入列
drop( )	删除行列
head( )	返回 DataFrame 前 n 行
tail( )	返回 DataFrame 后 n 行

（1）rename( )函数。

rename( )函数：对行索引及列重命名，修改列名传入 columns 参数、修改行索引传入 index 参数。其语法如下：

```
DataFrame.rename(mapper=None, index=None, columns=None, axis=None,copy=True, inplace=False, level=None, errors='ignore')
```

其常用参数见表 3-1-4。

表 3-1-4　rename( )函数常用参数

常用参数	描述
mapper	映射器，类似于字典，应用于特定轴标签，与 axis 联合使用
index	更改行索引名称
columns	更改列名
axis	{0 或'index',1 或'columns'}，默认值为 0，确定 mapper 所针对的轴
inplace	默认为 False，返回新的 DataFrame，True 表示直接在原数据上修改

例 3-1-6　修改例 3-1-2 中 DataFrame 的行列索引：

```
df.rename(columns={'资产总额':'资产','负债总额':'负债','所有者权益总额':
         '所有者权益'}, index={1:'x',2:'y',3:'z'})
```

运行结果如图 3-1-4 所示：

	时间	资产	负债	所有者权益
x	7月31日	18400000	7360000	11040000
y	8月31日	23500000	10575000	12925000
z	9月30日	24320000	10214400	14105600

图 3-1-4　例 3-1-6 运行结果

知识点拨

rename()函数适合用于修改个别索引或者列名,如需修改全部行列索引名,可直接对 df.columns、df.index 属性重新赋值,但需要注意的是,使用该方法必须对所有行索引或列索引进行修改。

(2) insert()函数。

insert()函数:将列插入到 DataFrame 中的指定位置。其语法如下:

```
DataFrame.insert(loc, column, value, allow_duplicates=False)
```

其常用参数见表 3-1-5。

表 3-1-5 insert()函数常用参数

常用参数	描述
loc	int,插入列的位置,表示第几列,插入第一列为 loc=0
column	插入列的列名
value	插入的值,可选(int、Series、数组)
allow_duplicates	是否允许列名重复,默认 False,如果列名已经存在则报错,设置为 True 表示允许列名重复

例 3-1-7 在例 3-1-5 中 DataFrame 列索引为 0 的为位置插入一列"序号"。

```
#插入一列
df.insert(0,'序号',range(1,4))
df
```

运行结果如图 3-1-5 所示:

	序号	时间	资产总额	负债总额	所有者权益总额	资产负债率
1	1	7月31日	18400000	7360000	11040000	0.40
2	2	8月31日	23500000	10575000	12925000	0.45
3	3	9月30日	24320000	10214400	14105600	0.42

图 3-1-5 例 3-1-7 运行结果

需要在指定位置插入一列时,可使用 insert 函数,若对插入的位置没有要求,则可直接新增一列并赋值,新增的一列默认在 DataFrame 最后。

例 3-1-8 直接在 DataFrame 后新增一列"序号 2"。

```
df['序号2']=range(1,4)
df
```

运行结果如图 3-1-6 所示：

	序号	时间	资产总额	负债总额	所有者权益总额	资产负债率	序号2
1	1	7月31日	18400000	7360000	11040000	0.40	1
2	2	8月31日	23500000	10575000	12925000	0.45	2
3	3	9月30日	24320000	10214400	14105600	0.42	3

图 3-1-6　例 3-1-8 运行结果

（3）drop( )函数。

drop( )函数：删除指定行列。其语法如下：

```
DataFrame.drop(labels=None, axis=0, index=None, columns=None,
level=None, inplace=False, errors='raise')
```

其常用参数见表 3-1-6：

表 3-1-6　drop( )函数常用参数

常用参数	说明
labels	单个标签或标签列表
axis	{0 或'index',1 或'columns'}，是从索引还是列中删除标签，默认值为 0，从行索引中删除
index	单个标签或标签列表：index=labels 等效于 labels,axis=0
columns	单个标签或标签列表：columns=labels 等效于 labels,axis=1
inplace	默认为 False，返回新的 DataFrame，True 表示直接在原数据上删除

例 3-1-9　从原数据上删除例 3-1-8 中增加的"序号2"。

```
df.drop(columns='序号2',inplace=True)
df
```

运行结果如图 3-1-7 所示：

	序号	时间	资产总额	负债总额	所有者权益总额	资产负债率
1	1	7月31日	18400000	7360000	11040000	0.40
2	2	8月31日	23500000	10575000	12925000	0.45
3	3	9月30日	24320000	10214400	14105600	0.42

图 3-1-7　例 3-1-9 运行结果

(4) head( )函数和 tail( )函数。

head( )、tail( )函数语法分别如下:

```
DataFrame.head(n=5),返回 DataFrame 前 n 行,n 默认为 5
DataFrame.tail(n=5),返回 DataFrame 后 n 行,n 默认为 5
```

当 DataFrame 中数据较多时,可以选择查看表格的前 n 行或后 n 行。

例 3-1-10

```
#查看前 2 行
df.head(2)
```

运行结果如图 3-1-8 所示:

序号	时间	资产总额	负债总额	所有者权益总额	资产负债率
1	1	7月31日	18400000	7360000	11040000	0.40
2	2	8月31日	23500000	10575000	12925000	0.45

图 3-1-8　例 3-1-10 运行结果(1)

```
#查看后 2 行
df.tail(2)
```

运行结果如图 3-1-9 所示:

序号	时间	资产总额	负债总额	所有者权益总额	资产负债率
2	2	8月31日	23500000	10575000	12925000	0.45
3	3	9月30日	24320000	10214400	14105600	0.42

图 3-1-9　例 3-1-10 运行结果(2)

(5) DataFrame 基本函数运用。

例 3-1-11　根据二维数组 data 创建 DataFrame,并依次完成以下任务:

(1) 使用 insert( )函数在第一列的位置插入列,列名为"营业收入"、值为"50000"。

(2) 使用 rename( )函数在原数据上修改列名,从左到右列名为:"营业收入""销售费用""管理费用""财务费用"。

(3) 使用 drop( )函数在原数据上删除最后一行。

```
#引入规则
import numpy as np
import pandas as pd
```

```
#创建DataFrame
data=np.arange(1000,16000,1000).reshape(5,3)
df=pd.DataFrame(data)

#在第一列插入营业收入
df.insert(0,'营业收入',value=50000)

#依次修改列名
df.rename(columns={0:'销售费用',1:'管理费用',2:'财务费用'},
inplace=True)

#删除最后一行
df.drop(4,inplace=True)
df
```

运行结果如图 3-1-10 所示：

	营业收入	销售费用	管理费用	财务费用
0	50000	1000	2000	3000
1	50000	4000	5000	6000
2	50000	7000	8000	9000
3	50000	10000	11000	12000

图 3-1-10 例 3-1-11 运行结果

三、Pandas 中文件的读写

（一）Excel 文件的读取和写入

在实际工作中，人们经常使用 Excel 进行数据处理和保存。作为功能强大的 Python，它也可以从 Excel 中读取数据，并为其所用。那么，如何将 Excel 中的数据读取出来呢？

Pandas 数据读取

1. Excel 文件的读取

Pandas 提供了非常灵活的数据读取方式，可以接受各种来源的数据。
Pandas 使用 read_excel() 函数读取 Excel 文件，read_excel() 函数的语法如下：

```
pandas.read_excel(io, sheet_name=0, header=0, names=None,
 index_col=None, usecols=None, squeeze=False, dtype=None, engine
 =None, converters=None, true_values=None, false_values=None,
 skiprows=None, nrows=None, na_values=None, parse_dates
```

```
=False, date_parser=None, thousands=None, comment=None, skip-
footer=0, convert_float=True, **kwargs)
```

read_excel()函数的参数非常多,这里我们只需要了解一些常用参数即可,见表3-1-7。

表3-1-7 read_excel()函数参数举例

参数	说明	实例
io	文件路径,可接收有效字符串路径	r'D:\Python\data.xlsx'(r防止字符转义)
sheet_name	导入的sheet页	(1) sheet_name=0:默认为0,即导入第一页,sheet序号从0开始。 (2) sheet_name='表名':直接输入目标sheet的名称,中英文皆可。 (3) sheet_name='SheetN':代表第N个sheet,S要大写
header	用哪一行作列名	(1) header=0:默认为0,即默认表格第一行作为列名。 (2) header=[0,1],表示将前两行作为列名(多重索引)
names	自定义最终的列名	names=['资产总额','负债总额','所有者权益总额'] 注意:一般适用于Excel缺少列名,或者需要重新定义列名的情况,names的长度必须和Excel列长度一致,否则会报错
index_col	用作索引的列	(1) index_col=None:默认数据不带行索引号,pandas自动分配从0开始的索引号。 (2) index_col=0:以第一列作为行索引。 (3) index_col=[0,1],表示将前两列作为多重索引
usecols	需要读取哪些列	(1) usecols=None:默认取所有列。 (2) usecols=[0,2,3]:以列号代表要取的列。 (3) usecols=['年','月']:以列名代表要取的列
converters	强制规定列数据类型	converters={'时间':str,'资产总额':float}:将"时间"列数据类型强制规定为字符串,"资产总额"列强制规定为浮点型

例 3-1-12   读取以下地址中Excel的第一个表格,并将"年""月"两列强制转换为字符串。

URL 地址:https://keyun-oss.acctedu.com/app/bigdata/basics/data.xlsx。

```
#引入potndas
import pandas as pd


#读取Excel文件
df=pd.read_excel(r'https://keyun-oss.acctedu.com/app/bigdata
                /basics/data.xlsx',sheet_name=0,
                converters={'年':str,'月':str})
```

```
#head()函数默认显示前5行数据
df.head()
```

运行结果如图 3-1-11 所示：

	年	月	平均流动资产	平均非流动资产	平均流动负债	平均非流动负债	平均所有者权益
0	2019	1	644977.56	3780673.82	572266.12	2120000	1733385.26
1	2019	2	668209.90	3820905.96	584387.34	2120000	1784728.52
2	2019	3	675872.23	3872786.78	607200.23	2120000	1821458.78
3	2019	4	692674.56	4105445.53	610013.12	2324750	1863356.97
4	2019	5	707906.90	4176813.56	642826.01	2324750	1917144.45

图 3-1-11　例 3-1-12 运行结果

2. Excel 文件的写入

例 3-1-13　对例 3-1-12 读取的表格进行简单运算，分别计算出"平均资产合计"与"平均负债合计"。

```
df['平均资产合计']=df['平均流动资产']+df['平均非流动资产']
df['平均负债合计']=df['平均流动负债']+df['平均非流动负债']
df.head()
```

运行结果如图 3-1-12 所示：

	年	月	平均流动资产	平均非流动资产	平均流动负债	平均非流动负债	平均所有者权益	平均资产合计	平均负债合计
0	2019	1	644977.56	3780673.82	572266.12	2120000	1733385.26	4425651.38	2692266.12
1	2019	2	668209.90	3820905.96	584387.34	2120000	1784728.52	4489115.86	2704387.34
2	2019	3	675872.23	3872786.78	607200.23	2120000	1821458.78	4548659.01	2727200.23
3	2019	4	692674.56	4105445.53	610013.12	2324750	1863356.97	4798120.09	2934763.12
4	2019	5	707906.90	4176813.56	642826.01	2324750	1917144.45	4884720.46	2967576.01

图 3-1-12　例 3-1-13 运行结果

那么，如何将例 3-1-13 加工过的表格写入一个新的 Excel 呢？

这时就需要使用 to_excel( ) 函数，语法如下：

```
DataFrame.to_excel(excel_writer, sheet_name='Sheet1', na_rep='',
float_format=None, columns=None, header=True, index=True,
index_label=None, startrow=0, startcol=0, engine=None,
merge_cells=True, encoding=None, inf_rep='inf', verbose=True,
freeze_panes=None)
```

其常用参数见表 3-1-8。

表 3-1-8　to_excel( )函数常用参数

常数参数	说明	实例
excel_writer	文件路径	r'D:\Python\data. xlsx'
sheet_name	导出 Excel 表名	(1) sheet_name='Sheet1'：默认表名为'Sheet1'； (2) sheet_name='表名'：自定义表名
index	是否输出行索引	(1) index=True：默认输出； (2) index=None：不输出

例 3-1-14　将例 3-1-13 加工的表格写入一个新的 Excel 表格，并命名为"data2. xlsx"。

```
df.to_excel('data2.xlsx',sheet_name='资产负债表项目')
```

运行结果如图 3-1-13 所示：

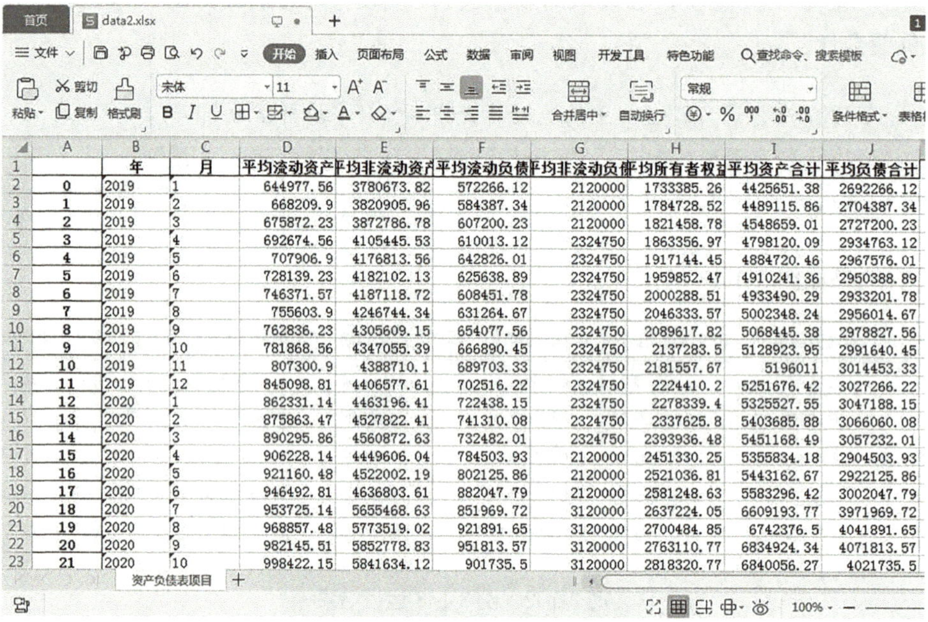

	A	B	C	D	E	F	G	H	I	J
1		年	月	平均流动资产	平均非流动资产	平均流动负债	平均非流动负债	平均所有者权益	平均资产合计	平均负债合计
2	0	2019	1	644977.56	3780673.82	572266.12	2120000	1733385.26	4425651.38	2692266.12
3	1	2019	2	668209.9	3820905.96	584387.34	2120000	1784728.52	4489115.86	2704387.34
4	2	2019	3	675872.23	3872786.78	607200.23	2120000	1821458.78	4548659.01	2727200.23
5	3	2019	4	692674.56	4105445.53	610013.12	2324750	1863356.97	4798120.09	2934763.12
6	4	2019	5	707906.9	4176813.56	642826.01	2324750	1917144.45	4884720.46	2967576.01
7	5	2019	6	728139.23	4182102.13	625638.89	2324750	1959852.47	4910241.36	2950388.89
8	6	2019	7	746371.57	4187118.72	608451.78	2324750	2000288.51	4933490.29	2933201.78
9	7	2019	8	755603.9	4246744.34	631264.67	2324750	2046333.57	5002348.24	2956014.67
10	8	2019	9	762836.23	4305609.15	654077.56	2324750	2089617.82	5068445.38	2978827.56
11	9	2019	10	781868.56	4347055.39	666890.45	2324750	2137283.5	5128923.95	2991640.45
12	10	2019	11	807300.9	4388710.1	689703.33	2324750	2181557.67	5196011	3014453.33
13	11	2019	12	845098.81	4406577.61	702516.22	2324750	2224410.2	5251676.42	3027266.22
14	12	2020	1	862331.14	4463196.41	722438.15	2324750	2278339.4	5325527.55	3047188.15
15	13	2020	2	875863.47	4527822.41	741310.08	2324750	2337625.8	5403685.88	3066060.08
16	14	2020	3	890295.86	4560872.63	732482.01	2324750	2393936.48	5451168.49	3057232.01
17	15	2020	4	906228.14	4449606.04	784503.93	2120000	2451330.25	5355834.18	2904503.93
18	16	2020	5	921160.48	4522002.19	802125.86	2120000	2521036.81	5443162.67	2922125.86
19	17	2020	6	946492.81	4636803.61	882047.79	2120000	2581248.63	5583296.42	3002047.79
20	18	2020	7	953725.14	5655468.63	851969.72	3120000	2637224.05	6609193.77	3971969.72
21	19	2020	8	968857.48	5773519.02	921891.65	3120000	2700484.85	6742376.5	4041891.65
22	20	2020	9	982145.51	5852778.83	951813.57	3120000	2763110.77	6834924.34	4071813.57
23	21	2020	10	998422.15	5841634.12	901735.5	3120000	2818320.77	6840056.27	4021735.5

图 3-1-13　例 3-1-14 运行结果

这样就将 DataFrame 写入到了一个新的 Excel 表格，文件保存在当前目录中，由于 jupyter 无法直接查看 Excel 文件，可以直接将文件下载到本地计算机上查看。

如果使用 to_excel( )函数写入一个已经存在的 Excel，会将原有的 Excel 表格中的数据全部覆盖。解决这个问题，可以使用 ExcelWriter( )函数，语法如下：

```
ExcelWriter(path, engine=None, date_format=None,
datetime_format=None,mode='w', * * engine_kwargs)
```

这里通过参数 mode 确定数据写入的模式：mode='w'表示重写，mode='a'表示追加，下面就尝试在 data2. xlsx 表格中追加新表。

例 3-1-15

```
with pd.ExcelWriter('data2.xlsx',mode='a') as writer:
    df.to_excel(writer,sheet_name='资产负债表项目 2')
```

使用 with 进行上下文管理，通过 ExcelWriter 函数创建一个 ExcelWriter 对象，并传入文件路径和写入的模式，将函数返回的结果保存到变量 writer 中，然后将 df 写入文件，并指定表名，追加写入后的 data2. xlsx 如图 3-1-14 所示。

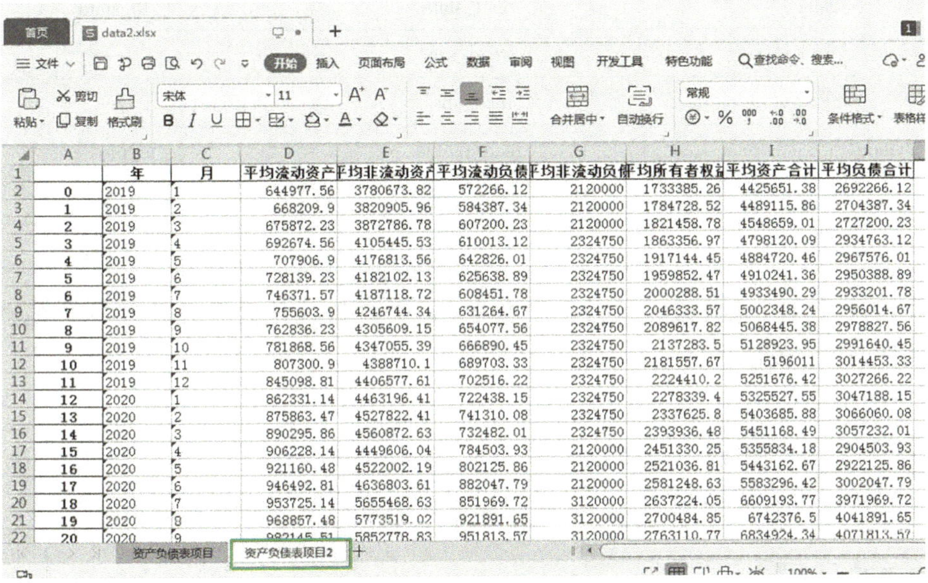

	A	B	C	D	E	F	G	H	I	J
1		年	月	平均流动资产	平均非流动资	平均流动负债	平均非流动负	平均所有者权	平均资产合计	平均负债合计
2	0	2019	1	644977.56	3780673.82	572266.12	2120000	1733385.26	4425651.38	2692266.12
3	1	2019	2	668209.9	3820905.96	584387.34	2120000	1784728.52	4489115.86	2704387.34
4	2	2019	3	675872.23	3872786.78	607200.23	2120000	1821458.78	4548659.01	2727200.23
5	3	2019	4	692674.56	4105445.53	610013.12	2324750	1863356.97	4798120.09	2934763.12
6	4	2019	5	707906.9	4176813.56	642826.01	2324750	1917144.45	4884720.46	2967576.01
7	5	2019	6	728139.23	4182102.13	625638.89	2324750	1959852.47	4910241.36	2950388.89
8	6	2019	7	746371.57	4187118.72	608451.78	2324750	2000288.51	4933490.29	2933201.78
9	7	2019	8	755603.9	4246744.34	631264.67	2324750	2046333.57	5002348.24	2956014.67
10	8	2019	9	762836.23	4305609.15	654077.56	2324750	2089617.82	5068445.38	2978827.56
11	9	2019	10	781868.56	4347055.39	666890.45	2324750	2137283.5	5128923.95	2991640.45
12	10	2019	11	807300.9	4388710.1	689703.33	2324750	2181557.67	5196011	3014453.33
13	11	2019	12	845098.81	4406577.61	702516.22	2324750	2224410.2	5251676.42	3027266.22
14	12	2020	1	862331.14	4463196.41	722438.15	2324750	2278339.4	5325527.55	3047188.15
15	13	2020	2	875863.47	4527822.41	741310.08	2324750	2337625.8	5403685.88	3066060.08
16	14	2020	3	890295.86	4560872.63	732482.01	2324750	2393936.48	5451168.49	3057232.01
17	15	2020	4	906228.14	4449606.04	784503.93	2120000	2451330.25	5355834.18	2904503.93
18	16	2020	5	921160.48	4522002.19	802125.86	2120000	2521036.81	5443162.67	2922125.86
19	17	2020	6	946492.81	4636803.61	882047.79	2120000	2581248.63	5583296.42	3002047.79
20	18	2020	7	953725.14	5655468.63	851969.72	3120000	2637224.05	6609193.77	3971969.72
21	19	2020	8	968857.48	5773519.02	921891.65	3120000	2700484.85	6742376.5	4041891.65
22	20	2020	9	982145.51	5852778.83	951813.57	3120000	2763110.77	6834924.34	4071813.57

图 3-1-14 例 3-1-15 运行结果

（二）其他文件的读取和写入

Pandas 支持多种文件读写，包括文本文件、二进制文件、数据库文件，具体见表 3-1-9。

表 3-1-9 其他文件的读取和写入

数据源	读(Reader)	写(Writer)
CSV	read_csv	to_csv
JSON	read_json	to_json
HTML	read_html	to_html
Local clipboard	read_clipboard	to_clipboard
Fixed-Width Text File	read_fwf	—

续表

数据源	读(Reader)	写(Writer)
MS Excel	read_excel	to_excel
OpenDocument	read_excel	—
HDF5 Format	read_hdf	to_hdf
Feather Format	read_feather	to_feather
Parquet Format	read_parquet	to_parquet
ORC Format	read_orc	—
Msgpack	read_msgpack	to_msgpack
Stata	read_stata	to_stata
SAS	read_sas	—
SPSS	read_spss	—
Python Pickle Format	read_pickle	to_pickle
SQL	read_sql	to_sql
Google BigQuery	read_gbq	to_gbq

从科云大数据中心爬取的文件格式包括 csv 文件和 json 文件，这两种文件的读写与 Excel 文件的读写类似。

1. csv 文件读写

例 3-1-16　爬取科云大数据中心"江苏立华牧业股份有限公司（股票代码：300761）"的资产负债表，并读取 csv 文件。

```
#科云第三方库
from keyun.utils import *

#调用爬虫函数
spider('https://keyun-oss.oss-cn-beijing.aliyuncs.com/app/bigdata/
    2019/company/year/zcfzb_300761.csv','zcfzb_300761.csv')

#读取csv文件
df_csv=pd.read_csv('zcfzb_300761.csv')
df_csv
```

运行结果如图 3-1-15 所示：

	报告日期	2019-12-31	2018-12-31	2017-12-31	2016-12-31	2015-12-31	2014-12-31	2013-12-31	2012-12-31	Unnamed: 9
0	货币资金(万元)	19360	25452	37630	10156	10688	9277	20136	14464	NaN
1	结算备付金(万元)	--	--	--	--	--	--	--	--	NaN
2	拆出资金(万元)	--	--	--	--	--	--	--	--	NaN
3	交易性金融资产(万元)	298026	--	--	--	--	--	--	--	NaN
4	衍生金融资产(万元)	--	--	--	--	--	--	--	--	NaN
...	...	...	...	...	...	...	...	...	...	...
103	外币报表折算差额(万元)	--	--	--	--	--	--	--	--	NaN
104	归属于母公司股东权益合计(万元)	682447	414814	284844	209417	166261	105557	62028	86036	NaN
105	少数股东权益(万元)	--	--	--	--	--	--	-97	36	NaN
106	所有者权益(或股东权益)合计(万元)	682447	414814	284844	209417	166261	105557	61931	86072	NaN
107	负债和所有者权益(或股东权益)总计(万元)	856570	569204	413357	342835	272586	222114	201374	159674	\t\t

图 3-1-15　例 3-1-16 运行结果

例 3-1-17　将例 3-1-16 爬取的资产负债表写入 csv 文件。

```
df_csv.to_csv('300761.csv')
```

to_csv( ) 函数存在 mode 参数，默认为 "w"，即重新写入，设置为 "a"，即追加写入。

2. json 文件读写

例 3-1-18　爬取科云大数据中心 "采矿业" 行业信息，并读取 json 文件。

```
#调用爬虫函数
spider('https://keyun-oss.oss-cn-beijing.aliyuncs.com/app/bigdata
    /2019/block/hy002000.json','hy002000.json')


#读取json文件
df_json=pd.read_json('hy002000.json')
df_json
```

运行结果如图 3-1-16 所示：

	list
0	{'code': '600777', 'name': '新潮能源', '报告期': '201...
1	{'code': '000552', 'name': '靖远煤电', '报告期': '201...
2	{'code': '600121', 'name': '郑州煤电', '报告期': '201...
3	{'code': '600403', 'name': '大有能源', '报告期': '201...
4	{'code': '600871', 'name': '石化油服', '报告期': '201...
...	...
72	{'code': '000975', 'name': '银泰黄金', '报告期': '201...
73	{'code': '600547', 'name': '山东黄金', '报告期': '201...
74	{'code': '601069', 'name': '西部黄金', '报告期': '201...
75	{'code': '000603', 'name': '盛达资源', '报告期': '201...
76	{'code': '600988', 'name': '赤峰黄金', '报告期': '201...

77 rows × 1 columns

图 3-1-16　例 3-1-18 运行结果

例 3-1-19 将例 3-1-18 爬取的采矿业行业信息写入 json 文件。

`df_json.to_json('hy002000.json',force_ascii=False)`

知识点拨

写入 json 文件时，默认强制使用 ASCII，ASCII 中不包含中文，所以，只有将 force_ascii 参数设置为 False，才能正常显示中文。

3. set_option( )函数

在例 3-1-16 中，读取到的资产负债表一共包含 108 行，但是 Pandas 默认输出的行列都有省略，如图 3-1-17 所示，当行数较多时，默认只显示前后各 5 行数据。

图 3-1-17　例 3-1-16 默认只显示前后各 5 行数据图例

那么，如何才能显示 DataFrame 的全部行列呢？

set_option( )函数是用来设置 Pandas 中一些指定参数的值，如显示最大行数、列数等，其语法如下：

`pandas.set_option(pat, value)`

各参数含义如下。

➢ pat：str，需要设置的项目。

➢ value：新设置的值。

Pandas 默认设置有许多，表 3-1-10 是几个常用设置项：

表 3-1-10　set_option( )函数常用设置

常用设置	说明
display.max_rows	设置 DataFrame 显示最大行数， pd.set_option('display.max_rows',None)显示所有行
display.max_columns	设置 DataFrame 显示最大列数
display.max_colwidth	设置 DataFrame 显示最大列宽

续表

常用设置	说明
display.precision	设置显示小数点后的位数
display.float_format	设置浮点数的显示格式

四、Pandas 中数据筛选查询

Pandas 通过索引来筛选数据,DataFrame 索引分为行索引和列索引,具体筛选方法包括以下三种。

Pandas 中数据筛选查询

- 直接筛选:直接获取行列,使用[ ],类似于字典访问值操作。
- 条件筛选:按条件筛选,选择符合一定条件的数据。
- 索引器筛选:通过 loc、iloc 索引器筛选。

(一) 直接筛选

DataFrame 索引使用[ ],直接索引语法:df[ ]。

直接索引根据选择的数据不同又可以分为以下三种。

- 选择单列数据:df['列']。
- 选择多列数据:df[['列1','列2']],通过列名组成的列表选择多列数据。
- 选择多行数据:df[1:3],按位置选取连续的行(切片),前闭后开。

需要注意的是,使用直接索引无法对列数据进行切片操作,且无法通过两个列表选择多行多列数据,多行多列数据的筛选需要使用索引器(loc、iloc)。

1. 选择单列数据

选择单列数据:df['列']。

例 3-1-20 读取 data.xlsx 中资产负债表项目数据,筛选出"平均流动资产"列。

URL 地址:https://keyun-oss.acctedu.com/app/bigdata/basics/data.xlsx。

```
import pandas as pd
df=pd.read_excel(r'https://keyun-oss.acctedu.com/app/bigdata
            /basics/data.xlsx',sheet_name=0,
            converters={'年':str,'月':str})
df['平均流动资产'].head()
```

运行结果如下:

```
0    644977.56
1    668209.90
2    675872.23
3    692674.56
4    707906.90
Name: 平均流动资产, dtype: float64
```

2. 选择多列数据

选择多列数据：df[['列1','列2']]，通过列名组成的列表选择多列数据。

例 3-1-21 根据例3-1-20读取的数据，筛选资产负债表中"月""平均流动资产""平均流动负债"三列数据：

```
df[['月','平均流动资产','平均流动负债']].head()
```

运行结果如图 3-1-18 所示：

	月	平均流动资产	平均流动负债
0	1	644977.56	572266.12
1	2	668209.90	584387.34
2	3	675872.23	607200.23
3	4	692674.56	610013.12
4	5	707906.90	642826.01

图 3-1-18 例 3-1-21 运行结果

3. 选择多行数据

选择多行数据：df[1:3]，按位置选取连续的行（切片），前闭后开。

例 3-1-22 根据例3-1-20读取的数据，筛选资产负债表中行索引为2、3的连续行数据：

```
df[2:4]
```

运行结果如图 3-1-19 所示：

	年	月	平均流动资产	平均非流动资产	平均流动负债	平均非流动负债	平均所有者权益
2	2019	3	675872.23	3872786.78	607200.23	2120000	1821458.78
3	2019	4	692674.56	4105445.53	610013.12	2324750	1863356.97

图 3-1-19 例 3-1-22 运行结果

（二）条件筛选

布尔索引（带条件判断的索引）：根据布尔条件选择对应的行。

根据选择条件数量可分为以下两种。

▶ 单列布尔选择：df[(df['列']==条件)]，选取某列满足一定条件的行。

▶ 多列布尔选择：df[(df['列1']==条件)&(df['列2']>条件)]，选取多列满足一定条件的行。

> 知识点拨

(1) 索引列表中可以使用 &、|、~ 操作符，但是不能使用 and、or、not 关键词。
(2) 因为布尔选择的结果还是 DataFrame，所以对于结果可以进行切片、索引器等访问。

1. 单列布尔选择

单列布尔选择：df[(df['列']==条件)]，选取某列满足一定条件的行。

例 3-1-23 根据例 3-1-20 读取的数据，筛选出资产负债表中"平均所有者权益"低于 1 800 000 的所有行。

```
df[df['平均所有者权益']<1800000]
```

运行结果如图 3-1-20 所示：

	年	月	平均流动资产	平均非流动资产	平均流动负债	平均非流动负债	平均所有者权益
0	2019	1	644977.56	3780673.82	572266.12	2120000	1733385.26
1	2019	2	668209.90	3820905.96	584387.34	2120000	1784728.52

图 3-1-20 例 3-1-23 运行结果

2. 多列布尔选择

多列布尔选择：df[(df['列1']==条件)&(df['列2']>条件)]，选取多列满足一定条件的行。

例 3-1-24 根据例 3-1-20 读取的数据，筛选出资产负债表中 2019 年"平均流动资产"超过 800 000 的所有行。

```
df[(df['年']=='2019')&(df['平均流动资产']>800000)]
```

运行结果如图 3-1-21 所示：

	年	月	平均流动资产	平均非流动资产	平均流动负债	平均非流动负债	平均所有者权益
10	2019	11	807300.90	4388710.10	689703.33	2324750	2181557.67
11	2019	12	845098.81	4406577.61	702516.22	2324750	2224410.20

图 3-1-21 例 3-1-24 运行结果

（三）索引器筛选

在前面的学习中，我们已经知道在 Pandas 的两种数据结构中，原始索引（位置信息）和自定义索引（标签信息）是并存的，如图 3-1-22 所示，原始索引从 0 开始，自定义索引可自行设置。

图 3-1-22　原始索引举例

在 Pandas 中除了直接索引和条件索引外,还可以使用索引器筛选数据,根据使用的索引不同又可以分为 loc 索引器和 iloc 索引器。

1. loc 索引器

loc 索引器内只能使用自定义索引,如果数据中没有自定义索引,则使用原始索引。根据行索引和列索引进行选取,先行后列,也可以只选取行索引,常见形式有如下四种。

➤ 选择单行/多行数据,例如,df.loc['行']为选择单行,df.loc[['行1','行2']]为选择多行。

➤ 选择多行多列数据,例如,df.loc[['行1','行2'],['列1','列2']],通过两个列表选取行列组合。

➤ loc 布尔选择,df.loc[(df['列']>条件)],选取单列(多列)满足一定条件的行。

➤ loc 切片(选择连续的多行多列),df.loc['行1':'行2','列1':'列2'],通过切片选取连续的行列组合。

知识点拨

索引器的使用非常灵活,可根据需求筛选各类数据,如在进行多行多列数据筛选时,列表和切片可联合使用,此外,loc 索引器不能直接选取列,必须先行后列。

(1) 选择单行/多行数据。

选择单行/多行数据:df.loc['行']、df.loc[['行1','行2']]。

例 3-1-25　根据例 3-1-20 读取的数据,筛选资产负债表中行索引为 2 的数据。

```
df.loc[2]
```

运行结果如下:

年	2019
月	3
平均流动资产	675872.23
平均非流动资产	3872786.78
平均流动负债	607200.23

```
平均非流动负债        2120000
平均所有者权益        1821458.78
Name: 2, dtype: object
```

例 3-1-26　根据例 3-1-20 读取的数据,筛选资产负债表中行索引为 2 和 4 的数据。

```
df.loc[[2,4]]
```

运行结果如图 3-1-23 所示:

	年	月	平均流动资产	平均非流动资产	平均流动负债	平均非流动负债	平均所有者权益
2	2019	3	675872.23	3872786.78	607200.23	2120000	1821458.78
4	2019	5	707906.90	4176813.56	642826.01	2324750	1917144.45

图 3-1-23　例 3-1-26 运行结果

(2) 选择多行多列数据。

选择不连续的多行多列数据:df.loc[['行1','行2'],['列1','列2']],通过两个列表选取行列组合数据。

例 3-1-27　根据例 3-1-20 读取的数据,筛选资产负债表中行索引为 2、4,列索引为"年""月""平均流动资产"的数据。

```
df.loc[[2,4],['年','月','平均流动资产']]
```

运行结果如图 3-1-24 所示:

	年	月	平均流动资产
2	2019	3	675872.23
4	2019	5	707906.90

图 3-1-24　例 3-1-27 运行结果

(3) loc 布尔选择。

loc 布尔选择:df.loc[(df['列']>条件)],选取单列(多列)满足一定条件的行。

例 3-1-28　根据例 3-1-20 读取的数据,筛选资产负债表中"年""月""平均所有者权益"三列,且"平均所有者权益"小于 1 800 000 的数据。

```
df.loc[df['平均所有者权益']<1800000,['年','月','平均所有者权益']]
```

运行结果如图 3-1-25 所示:

	年	月	平均所有者权益
0	2019	1	1733385.26
1	2019	2	1784728.52

图 3-1-25 例 3-1-28 运行结果

(4) loc 切片。

loc 切片(选择连续的多行多列)：df.loc['行1':'行2','列1':'列2']，通过切片选取连续的行列组合。

例 3-1-29 根据例 3-1-20 读取的数据，筛选资产负债表中行索引为[1:4]的前4列数据。

```
df.loc[1:4, :'平均非流动资产']
```

运行结果如图 3-1-26 所示：

	年	月	平均流动资产	平均非流动资产
1	2019	2	668209.90	3820905.96
2	2019	3	675872.23	3872786.78
3	2019	4	692674.56	4105445.53
4	2019	5	707906.90	4176813.56

图 3-1-26 例 3-1-29 运行结果

知识点拨

冒号前后留空代表开口，冒号前开口表示从第一列开始选取，冒号后开口表示选取到最后一列；loc 索引器切片为闭区间。

2. iloc 索引器

iloc 索引器与 loc 索引器的使用几乎相同，唯一不同的是，iloc 索引器中只能使用原始索引(位置信息)，不能使用自定义索引，且 iloc 索引器切片为前闭后开。

例 3-1-30 例 3-1-29 使用 iloc 索引器代码如下：

```
df.iloc[1:5, :4]
```

运行结果如图 3-1-27 所示：

	年	月	平均流动资产	平均非流动资产
1	2019	2	668209.90	3820905.96
2	2019	3	675872.23	3872786.78
3	2019	4	692674.56	4105445.53
4	2019	5	707906.90	4176813.56

图 3-1-27 例 3-1-30 运行结果

五、Pandas 复杂数据操作

在数据处理时,经常需要针对 DataFrame 进行逐行、逐列、逐元素的操作,通过前面的学习,我们了解了简单的逐行逐列操作,如果涉及复杂的操作,有没有简单的办法呢? 以图 3-1-28 所示的表格为例:

Pandas 复杂
数据操作

	年	月	营业收入	营业成本	净利润
0	2019	1	274400	168756.00	55401.36
1	2019	2	329800	203816.40	64179.08
2	2019	3	248850	155630.79	45912.83
3	2019	4	285410	181235.35	52372.74
4	2019	5	294500	172282.50	67234.35

图 3-1-28 逐行逐列复杂操作举例

如果要计算净利率并进行业绩评价,净利率超过 20% 则标记为业绩达标,否则标记为不达标,该如何实现呢?

通过前面的学习,可以使用循环语句逐个取出净利率进行条件判断。

例 3-1-31 业绩评价。

URL 地址:https://keyun-oss.acctedu.com/app/bigdata/basics/data.xlsx。

```
import pandas as pd

#数据准备
df=pd.read_excel(r'https://keyun-oss.acctedu.com/app/bigdata
            /basics/data.xlsx',sheet_name=1,
            converters={'年':str,'月':str})
df['净利率']=df['净利润']/df['营业收入']

#循环取出
#指标判断
for i in df.index:
    df.loc[i,'业绩评价']='达标' if df.loc[i,'净利率']>0.2 else '不达标'
df.head()
```

运行结果如图 3-1-29 所示:

	年	月	营业收入	营业成本	净利润	净利率	业绩评价
0	2019	1	274400	168756.00	55401.36	0.2019	达标
1	2019	2	329800	203816.40	64179.08	0.1946	不达标
2	2019	3	248850	155630.79	45912.83	0.1845	不达标
3	2019	4	285410	181235.35	52372.74	0.1835	不达标
4	2019	5	294500	172282.50	67234.35	0.2283	达标

图 3-1-29 例 3-1-31 运行结果

循环语句确实可以解决问题,但需要定义可执行循环的序列,那么,有没有什么方法能够简单实现逐行逐列的操作呢?

Pandas 提供了 map( )、apply( )、applymap( ) 函数处理此类问题。
- map( ) 函数:用于 Series 元素,同 Python 内置 map( ) 函数。
- apply( ) 函数:用于 Series 或 DataFrame 的行列。
- applymap( ) 函数:用于 DataFrame 中每个元素。

以上三个函数均可调用其他函数作为参数,可以直接针对 DataFrame 行、列、元素进行复杂处理,是数据分析处理中特别实用的方法。

(一) map( ) 函数

map( ) 函数:用于 Series 元素,与 Python 内置的 map( ) 函数一样,根据提供的函数对指定序列逐一做映射,可以接受一个函数或含有映射关系的字典型对象。语法如下:

```
Series.map(function or dict,na_action=None)
```

map( ) 函数参数如下。
- function or dict:可接收 lambda 表达式、自定义函数(def)、Python 内置函数、字典。
- na_action:默认 na_action=None,表示将函数应用于缺失值,na_action='ignore',表示忽略缺失值,即函数不应用于缺失值(并将其保留为 NaN)。

1. Series.map(function)

例 3-1-32 例 3-1-31 对净利率进行业绩评价,如果使用 map( ) 函数,代码如下:

```
df['业绩评价']=df['净利率'].map(lambda x :'达标' if x>0.2 else
                            '不达标')
df.head()
```

运行结果如图 3-1-30 所示:

	年	月	营业收入	营业成本	净利润	净利率	业绩评价
0	2019	1	274400	168756.00	55401.36	0.2019	达标
1	2019	2	329800	203816.40	64179.08	0.1946	不达标
2	2019	3	248850	155630.79	45912.83	0.1845	不达标
3	2019	4	285410	181235.35	52372.74	0.1835	不达标
4	2019	5	294500	172282.50	67234.35	0.2283	达标

图 3-1-30　例 3-1-32 运行结果

其运行原理如图 3-1-31 所示，利用 map(lambda x :'达标' if x>0.2 else '不达标')，将"净利率"中每个元素逐一传入 lambda 函数并得到返回值。

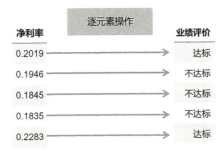

图 3-1-31　例 3-1-32 运行原理

2. Series.map(dict)

例 3-1-33　根据例 3-1-32 的业绩评价结果确定是否发放奖金，业绩达标则发放，否则不发放。

```
df['是否发放奖金']=df['业绩评价'].map({'达标':'发放','不达标':'不发放'})
df.head()
```

运行结果如图 3-1-32 所示：

	年	月	营业收入	营业成本	净利润	净利率	业绩评价	是否发放奖金
0	2019	1	274400	168756.00	55401.36	0.2019	达标	发放
1	2019	2	329800	203816.40	64179.08	0.1946	不达标	不发放
2	2019	3	248850	155630.79	45912.83	0.1845	不达标	不发放
3	2019	4	285410	181235.35	52372.74	0.1835	不达标	不发放
4	2019	5	294500	172282.50	67234.35	0.2283	达标	发放

图 3-1-32　例 3-1-33 运行结果

其原理如图 3-1-33 所示：

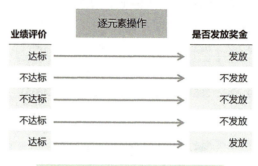

图 3-1-33　例 3-1-33 运行原理

将"业绩评价"中每个元素逐一传入字典对应得到返回值。

（二）apply( )函数

apply( )函数：可作用于 Series 或者 DataFrame，功能是遍历整个 Series 或 DataFrame，对 Series 每个元素（或 DataFrame 每行、每列）运行指定的函数。

1. Series.apply( )函数

Series.apply( )函数：在 Series 值上调用函数，与 Series.map( )类似，区别在于 Series.apply( )函数能够传入功能更复杂的函数。其语法如下：

```
Series.apply(function,args)
```

args 参数：接收元组，单个元素需加逗号，即(x,)。

针对 Series 的一般操作，map( )函数均能完成，当自定义函数需要增加参数时，可以使用 Series.apply( )，例如：需要调整营业收入金额，而具体调整的金额未知，可自定义函数，在调用 apply( )函数时，将具体调整的金额传入 args 参数。

例 3-1-34

```
#自定义函数
def f(x,y):
    return x+y

#每月营业收入调增1000
df['营业收入']=df['营业收入'].apply(f,args=(1000,))
df.head()
```

运行结果如图 3-1-34 所示：

	年	月	营业收入	营业成本	净利润	净利率	业绩评价	是否发放奖金
0	2019	1	275400	168756.00	55401.36	0.2019	达标	发放
1	2019	2	330800	203816.40	64179.08	0.1946	不达标	不发放
2	2019	3	249850	155630.79	45912.83	0.1845	不达标	不发放
3	2019	4	286410	181235.35	52372.74	0.1835	不达标	不发放
4	2019	5	295500	172282.50	67234.35	0.2283	达标	发放

图 3-1-34　例 3-1-34 运行结果

2. DataFrame.apply() 函数

DataFrame.apply() 函数：传递给参数 function 的对象是 Series，也就是逐一取出 DataFrame 的每行或每列调用 function 函数。其语法如下：

```
DataFrame.apply(function,args,axis=0)
```

axis 参数：默认值为 0 或 "index"，表示沿 0 轴操作，即将函数应用于每一列；1 或 "columns"，表示沿 1 轴操作，即将函数应用于每一行。

对于 DataFrame 而言，apply() 函数是非常重要的数据处理方法，可接收各种函数，处理方式灵活。

例 3-1-35　使用 apply() 函数将营业收入、营业成本、净利润以"万元"为单位展示。

```
df1=df[["营业收入","营业成本","净利润"]]
df1=df1.apply(lambda x: round(x/10000,2))
df1.head()
```

运行结果如图 3-1-35 所示：

	营业收入	营业成本	净利润
0	27.54	16.88	5.54
1	33.08	20.38	6.42
2	24.98	15.56	4.59
3	28.64	18.12	5.24
4	29.55	17.23	6.72

图 3-1-35　例 3-1-35 运行结果

默认 axis=0 时，会将各列（columns）以 Series 的形式作为参数，传入到指定的操作方法中，操作后合并返回相应结果，如图 3-1-36 所示。

图 3-1-36　例 3-1-35 运行原理

每一列数据以 Series 的形式传入匿名函数,除以 10 000 后调用 round( )函数保留两位小数并得到返回结果。

例 3-1-36　　根据例 3-1-34 业绩评价结果,使用 apply( )函数计算每月奖金额,业绩达标发放奖金的标准为净利润的 10%。

```
#自定义函数计算奖金:参数 x 指 dataFrame 中任一行
def calcBonus(x):
    if x['是否发放奖金']=='发放':
        x['奖金额']=x['净利润']*0.1
    else:
        x['奖金额']=0
    return x
df.apply(calcBonus,axis=1).head()
```

运行结果如图 3-1-37 所示:

	年	月	营业收入	营业成本	净利润	净利率	业绩评价	是否发放奖金	奖金额
0	2019	1	275400	168756.00	55401.36	0.2019	达标	发放	5540.136
1	2019	2	330800	203816.40	64179.08	0.1946	不达标	不发放	0.000
2	2019	3	249850	155630.79	45912.83	0.1845	不达标	不发放	0.000
3	2019	4	286410	181235.35	52372.74	0.1835	不达标	不发放	0.000
4	2019	5	295500	172282.50	67234.35	0.2283	达标	发放	6723.435

图 3-1-37　例 3-1-36 运行结果

当 axis=1 时,会将各行(index)以 Series 的形式作为参数,传入到指定的操作方法中,操作后合并返回相应结果,如图 3-1-38 所示。

图 3-1-38　例 3-1-36 运行原理

每一行数据以 Series 的形式传入自定义函数 calcBonus( ),通过自定义函数 calcBouns( )的运算后,得到每行奖金额的计算结果。

（三）applymap( )函数

applymap( )函数:对 DataFrame 中的每个元素执行指定方法(函数或 lambda 表达式)的操作。语法如下:

```
DataFrame.applymap(function)
```

例 3-1-37　将 DataFrame 中所有元素转换为字符串类型,并在元素前加上"#"。

```
df.applymap(lambda x:'#'+str(x)).tail()
```

运行结果如图 3-1-39 所示:

	年	月	营业收入	营业成本	净利润	净利率	业绩评价	是否发放奖金
19	#2020	#8	#425000	#266484.0	#79076.0	#0.1865	#不达标	#不发放
20	#2020	#9	#393000	#240884.0	#78282.4	#0.1997	#不达标	#不发放
21	#2020	#10	#355820	#220839.97	#69012.49	#0.1945	#不达标	#不发放
22	#2020	#11	#344500	#221557.5	#59391.15	#0.1729	#不达标	#不发放
23	#2020	#12	#402200	#264069.84	#62587.2	#0.156	#不达标	#不发放

图 3-1-39　例 3-1-37 运行结果

任务二 Pandas 数据清洗

任务描述

在使用 Pandas 进行数据处理和分析之前,需要集中对数据中没有实际意义的、格式非法的、不在指定范围内的"脏数据"进行清洗。数据清洗是整个数据分析过程中最为重要的一环,其主要目的就是把有用的数据留下,无用的数据删掉,只有将"脏数据"变成"好数据",才有可能产生好的分析结果。

Pandas 数据清洗

知识技能

数据分析结果的优劣主要依赖于数据的优劣,我们在网络上获取的数据往往存在着许多问题,例如:数据缺失、数据重复、数据异常等,直接对这些数据进行统计分析,将会导致分析结论偏离实际。因此,在数据分析之前通常需要先对数据进行清洗。

数据清洗:是对数据进行重新审查和校验的过程,目的在于通过预定的清理规则将不符合要求的数据转化为满足质量要求的数据。

数据清洗的主要内容如下。

➤ 重复值处理:删除。
➤ 缺失值处理:删除、填充。
➤ 其他异常处理:数据中特殊字符删除、数据格式更改、无法识别数据处理、英文大小写转换等。

一般在数据清洗之前,首先必须明确数据存在哪些问题,再针对各问题逐一击破,以图 3-2-1 为例:

	期间	营业收入	营业成本	税金及附加	销售费用	管理费用	财务费用
0	1月	80,000	40000	NaN	¥2000	2000.0	200.0
1	2月	NaN	NaN	NaN	NaN	NaN	NaN
2	3月	75,000	39000	NaN	¥3000	2000.0	200.0
3	3月	75,000	39000	NaN	¥3000	2000.0	200.0
4	4月	85000	45000	NaN	¥3400	2400.0	200.0
5	5月	75000	45 000	NaN	¥4400	2400.0	NaN
6	5月	75000	45 000	NaN	¥4400	2400.0	NaN

图 3-2-1 需要清洗的数据

通过观察以上 DataFrame,分析数据存在如下几个问题。

- 重复行：行索引2和3、5和6数据重复。
- 缺失值：NaN 部分。
- 存在异常符号：¥、逗号、空格。

了解问题所在之后，就可以一步步进行数据清洗了。

一、重复值处理

对于重复值的处理，首先可以先检验是否存在重复值，然后再将重复值删除。

Pandas 提供了两个专门处理重复值的函数，分别是 duplicated() 和 drop_duplicates() 函数。

- duplicated()：查找重复项。
- drop_duplicates()：删除重复项。

（一）duplicated()函数

duplicated()函数：查找重复项，返回布尔值，将重复项标记为 True，非重复项标记为 False。语法如下：

```
DataFrame.duplicated(subset=None, keep='first')
```

其常用参数见表 3-2-1。

表 3-2-1 duplicated()函数常用参数

常用参数	描述
subset	根据特定列识别重复项，默认使用所有列
keep	确定要标记的重复项，可选 "'first'" "'last'" "False"，默认为 "'first'"，表示标记除第一次出现的重复项，"'last'" 表示标记除最后一次出现的重复项，"False" 表示标记所有重复项

例 3-2-1 读取 dataClean.xlsx 信息，使用 duplicated()函数查找重复项。

URL 地址：https://keyun-oss.acctedu.com/app/bigdata/basics/dataClean.xlsx。

```
import numpy as np
import pandas as pd
df=pd.read_excel("https://keyun-oss.acctedu.com/app/bigdata
                /basics/dataClean.xlsx")
df.duplicated()
```

运行结果如下：

```
0    False
1    False
2    False
3    True
```

```
4    False
5    False
6    True
dtype: bool
```

从返回结果中可以看到,索引号为 3 和 6 的数据存在重复项。

(二) drop_duplicates()函数

drop_duplicates()函数:返回删除重复行的 DataFrame。语法如下:

```
DataFrame.drop_duplicates(subset=None, keep='first', inplace=False,ignore_index=False)
```

其常用参数见表 3-2-2。

表 3-2-2 drop_duplicates()函数常用参数

常用参数	描述
subset	根据特定列识别重复项,默认使用所有列
keep	确定要保留的重复项,可选'first''last'False,默认为'first',表示保留第一次出现的重复项,'last'表示保留最后一次出现的重复项,False 表示删除所有重复项
inplace	默认为 False,True 表示直接在原数据上删除
ignore_index	重建索引,默认为 False

例 3-2-2 使用 drop_duplicates()函数在原数据上删除重复项。

```
df.drop_duplicates(inplace=True)
df
```

运行结果如图 3-2-2 所示:

	期间	营业收入	营业成本	税金及附加	销售费用	管理费用	财务费用
0	1月	80,000	40000	NaN	¥2000	2000.0	200.0
1	2月	NaN	NaN	NaN	NaN	NaN	NaN
2	3月	75,000	39000	NaN	¥3000	2000.0	200.0
4	4月	85000	45000	NaN	¥3400	2400.0	200.0
5	5月	75000	45 000	NaN	¥4400	2400.0	NaN

图 3-2-2 例 3-2-2 运行结果

duplicated()函数和 drop_duplicates()函数判断标准和逻辑是一样的,在数据清洗时,可直接使用 drop_duplicates( ) 函数来处理重复项。

二、缺失值处理

和重复值的处理一样,在处理缺失值之前可以先检查缺失值数量,然后根据数据分析要求,选择以下常用方法进行处理。
- 删除数据:根据缺失比例删除行、列。
- 使用默认值填充:可用空字符串或数值 0 替换。
- 使用估算值填充:采用中位数、平均数、众数等替换。

处理缺失值的函数如下。
- isna( ):检测缺失值。
- dropna( ):删除缺失的值。
- fillna( ):使用指定的方法填充 NA/NaN 值。

(一) isna( )函数

isna( )函数:检测缺失值,返回布尔值,缺失值被映射为 True,非缺失值被映射为 False。isna( )函数常用方法见表 3-2-3。

表 3-2-3 isna( )函数常用方法

常用方法	描述
df.isna( )	查看缺失值位置
df.isna( ).any( )	判断某一列是否有缺失值
df.isna( ).sum( )	统计每列缺失值数量
df.isna( ).sum( ).sum( )	统计 DataFrame 中缺失值合计数
Series.value_counts( )	统计 Series 中不同元素出现的次数,在 DataFrame 中使用时,需要指定对哪一列或行使用

例 3-2-3 在例 3-2-2 的基础上,使用 isna( )检测缺失值,并统计每列缺失值和非缺失值的数量。

```
df.isna().apply(lambda x:x.value_counts())
```

运行结果如图 3-2-3 所示:

	期间	营业收入	营业成本	税金及附加	销售费用	管理费用	财务费用
False	5.0	4	4	NaN	4	4	3
True	NaN	1	1	5.0	1	1	2

图 3-2-3 例 3-2-3 运行结果(1)

isna( )函数检测缺失值的结果如图 3-2-4 所示：

	期间	营业收入	营业成本	税金及附加	销售费用	管理费用	财务费用
0	False	False	False	True	False	False	False
1	False	True	True	True	True	True	True
2	False	False	False	True	False	False	False
4	False	False	False	True	False	False	False
5	False	False	False	True	False	False	True

图 3-2-4　例 3-2-3 运行结果(2)

调用 apply( )函数，依次将每列数据传入匿名函数，可统计出每列缺失值和非缺失值的数量。

（二）dropna( )函数

dropna( )函数：删除缺失的值。语法如下：

```
DataFrame.dropna(axis=0,how='any',thresh=None,subset=None,inplace=False)
```

其常用参数见表 3-2-4。

表 3-2-4　dropna( )函数常用参数

常用参数	描述
axis	默认 axis=0,表示删除包含缺失值的行,axis=1,表示删除包含缺失值的列
how	默认 how='any',表示删除含有缺失值的所有行或列,how='all',表示删除全为缺失值的行或列
thresh	int,保留含有 int 个非空值的行、列
subset	对特定列进行缺失值删除
inplace	默认为 False,True 表示直接在原数据上更改

例 3-2-4　在例 3-2-2 的基础上，使用 dropna( )函数在原数据上删除全为 NaN 的列。

```
df.dropna(axis=1,how='all',inplace=True)
df
```

运行结果如图 3-2-5 所示：

	期间	营业收入	营业成本	销售费用	管理费用	财务费用
0	1月	80,000	40000	￥2000	2000.0	200.0
1	2月	NaN	NaN	NaN	NaN	NaN
2	3月	75,000	39000	￥3000	2000.0	200.0
4	4月	85000	45000	￥3400	2400.0	200.0
5	5月	75000	45 000	￥4400	2400.0	NaN

图 3-2-5　例 3-2-4 运行结果

在清洗缺失值时，可通过指定 dropna() 函数的参数值来确定删除数据的条件，常用方法归纳见表 3-2-5。

表 3-2-5　通过指定 dropna() 函数的参数值来确定删除数据的条件归纳的常用方法

删除条件	行	列
含有 NaN	DataFrame.dropna()	DataFrame.dropna(axis=1)
全为 NaN	DataFrame.dropna(how='all')	DataFrame.dropna(axis=1,how='all')
不足 n 个非空值	DataFrame.dropna(thresh=n)	DataFrame.dropna(axis=1,thresh=n)
特定列为 NaN 的行	DataFrame.dropna(subset=['col1','col2'])	—

（三）fillna() 函数

fillna() 函数：使用指定的方法填充 NA/NaN 值，语法如下：

```
DataFrame.fillna(value=None,method=None,axis=None,inplace=False,limit=None, downcast=None)
```

其常用参数见表 3-2-6。

表 3-2-6　fillna() 函数常用参数

常用参数	描述
value	用于填充的值：数值、字符串、变量、字典、Series、DataFrame，不能使用列表
method	填充方法：{'backfill','bfill','ffill',None}，默认为 None，指定填充值，pad/ffill 表示用前一个非缺失值填充，backfill/bfill 表示用后一个非缺失值填充
axis	填充缺失值所沿的轴，默认为 None
inplace	默认为 False，True 表示直接在原数据上填充
limit	限制填充次数

例 3-2-5 在例 3-2-4 的基础上,使用 fillna( )函数以 0 填充所有缺失值。

```
df.fillna(0)
```

运行结果如图 3-2-6 所示:

	期间	营业收入	营业成本	销售费用	管理费用	财务费用
0	1月	80,000	40000	¥2000	2000.0	200.0
1	2月	0	0	0	0.0	0.0
2	3月	75,000	39000	¥3000	2000.0	200.0
4	4月	85000	45000	¥3400	2400.0	200.0
5	5月	75000	45 000	¥4400	2400.0	0.0

图 3-2-6 例 3-2-5 运行结果

例 3-2-6 在例 3-2-4 的基础上,使用 fillna( )函数以每列的平均值填充所有缺失值。

```
df.fillna(df.mean())
```

运行结果如图 3-2-7 所示:

	期间	营业收入	营业成本	销售费用	管理费用	财务费用
0	1月	80,000	40000	¥2000	2000.0	200.0
1	2月	NaN	NaN	NaN	2200.0	200.0
2	3月	75,000	39000	¥3000	2000.0	200.0
4	4月	85000	45000	¥3400	2400.0	200.0
5	5月	75000	45 000	¥4400	2400.0	200.0

图 3-2-7 例 3-2-6 运行结果

从运行结果可以看到,营业收入、营业成本、销售费用的缺失值并没有被填充,说明这几列数据可能并非数值类型,无法计算出平均值。因此,在进行数据清洗的时候,还需要将数据的类型进行统一,才能进行正常的数据运算分析。

三、其他异常处理

我们获取的数据除了重复值、缺失值之外往往还存在许多其他问题,常见异常情况处理如下。

➤ 特殊字符删除:将所有数据转换为字符串,使用 replace( )函数进行替换。

其他异常处理

➤ 数据类型更改：根据需求使用 astype( )函数更改数据类型。
➤ 无法识别数据处理：替换默认值或替换为 NaN 再进行处理。
➤ 大小写转换：upper( )、lower( )函数。

知识点拨

（1）将 DataFrame 元素替换为 NaN，方法如下：

DataFrame.replace(to_replace,np.nan)

（2）将 DataFrame 整列替换为 NaN，方法如下：

DataFrame['col']=np.nan

（3）数据清洗通常会将数据转换为字符串再进行处理，如使用 replace( )函数替代特殊字符，使用 upper( )、lower( )函数对大小写进行转换，当 DataFrame 中一列数据存在多项信息时，可根据数据项的特征调用 split( )函数进行分割等。

（一）astype( )函数

astype( )函数可以将 pandas 对象转换为指定的数据类型，其语法如下：

DataFrame.astype(dtype, copy=True, errors='raise')

其常用参数见表 3-2-7。

表 3-2-7　astype( )函数常用参数

常用参数	描述
dtype	数据类型：使用 numpy.dtype 或 Python 类型将整个 pandas 对象转换为相同类型，也可对特定列进行转换
copy	布尔值，默认为 True，表示返回一个副本
errors	针对数据类型转换无效引发异常的处理，默认为 "'raise'"，表示允许引发异常，errors='ignore'抑制异常，错误时返回原始对象

在进行数据类型转换时需要注意不同数据之间的转换限制，常见情况如下。
➤ 整数→浮点数：可以转换。
➤ 浮点数→整数：小数部分被截断。
➤ 字符串→浮点数：若字符串全为数字，则可以转换。

例 3-2-7　在例 3-2-6 的基础上，查看 DataFrame 各元素的数据类型。

df.applymap(type x)

运行结果如图 3-2-8 所示：

	期间	营业收入	营业成本	销售费用	管理费用	财务费用
0	<class 'str'>	<class 'str'>	<class 'int'>	<class 'str'>	<class 'float'>	<class 'float'>
1	<class 'str'>	<class 'float'>	<class 'float'>	<class 'float'>	<class 'float'>	<class 'float'>
2	<class 'str'>	<class 'str'>	<class 'int'>	<class 'str'>	<class 'float'>	<class 'float'>
4	<class 'str'>	<class 'int'>	<class 'int'>	<class 'str'>	<class 'float'>	<class 'float'>
5	<class 'str'>	<class 'int'>	<class 'str'>	<class 'str'>	<class 'float'>	<class 'float'>

图 3-2-8　例 3-2-7 运行结果

可以看到 DataFrame 中包含了字符串、整型、浮点型,并且金额类型的数据中也有字符串类型,这就是无法求取平均值的原因。

(二) 其他异常处理代码

例 3-2-8　在例 3-2-7 的基础上,处理数据中的特殊字符,将所有金额转换为浮点型数据,并以每列的平均值填充所有缺失值。

```
#用空字符串替换各元素中的¥、空格、逗号
df=df.applymap(lambda x:str(x).replace(' ','').replace(',','')
               .replace('¥',''))

#将期间设为索引,其余数据转换为浮点数
df=df.set_index('期间').astype('float')

#以每列平均值填充该列缺失值
df.fillna(df.mean())
```

运行结果如图 3-2-9 所示:

期间	营业收入	营业成本	销售费用	管理费用	财务费用
1月	80000.0	40000.0	2000.0	2000.0	200.0
2月	78750.0	42250.0	3200.0	2200.0	200.0
3月	75000.0	39000.0	3000.0	2000.0	200.0
4月	85000.0	45000.0	3400.0	2400.0	200.0
5月	75000.0	45000.0	4400.0	2400.0	200.0

图 3-2-9　例 3-2-8 运行结果

通过清理异常的符号,将数据格式统一后即可使用各列平均值填充空值。

（三）set_index()与reset_index()函数

1. set_index()函数

在例3-2-8中，使用到了set_index()函数将"期间"列设置为行索引，set_index()函数可以将DataFrame中的列设为行索引，其语法如下：

```
DataFrame.set_index(keys, drop=True, append=False, inplace=False, verify_integrity=False)
```

其常用参数见表3-2-8。

表3-2-8　set_index()函数常用参数

常用参数	描述
keys	需要设为索引的列，单个列名或多个列名组成的列表
drop	默认为True，删除用作新索引的列
append	默认为False，是否将列追加到现有索引
inplace	默认为False，True表示直接在原数据上更改
verify_integrity	默认为False，检查新索引是否重复

2. reset_index()函数

与设置索引对应的就是重置索引，重置索引使用reset_index()函数，并使用原始索引。reset_index()函数语法如下：

```
DataFrame.reset_index(level=None, drop=False, inplace=False, col_level=0, col_fill='')
```

其常用参数见表3-2-9。

表3-2-9　reset_index()函数常用参数

常用参数	描述
level	从索引中删除给定级别，默认情况下删除所有级别，可用int、str、tuple、list
drop	是否删除原索引，默认为False，表示重置后将索引列还原为普通列
inplace	默认为False，True表示直接在原数据上更改
col_level	如果列有多个级别，则确定将还原的索引列插入哪个级别，默认插入第一级
col_fill	如果列有多个级别，则确定如何命名其他级别，如果为None，则重复索引名

四、dataClean()函数

通过前面的学习，可以将数据清洗的代码整理如下：

```
#引入numpy、pandas
import numpy as np
import pandas as pd

#读取 dataClean.xlsx
df=pd.read_excel('https://keyun-oss.acctedu.com/app/bigdata/bas-
                ics/dataClean.xlsx')

#删除重复项
df.drop_duplicates(inplace=True)

#删除全为 NaN 的列
df.dropna(axis=1,how='all',inplace=True)

#用空字符串替换各元素中的¥、空格、逗号
df=df.applymap(lambda x:str(x).replace(' ','').replace(',','')
    .replace('¥',''))

#将期间设为索引,其余数据转换为浮点数
df=df.set_index('期间').astype('float')

#以每列平均值填充该列缺失值
df.fillna(df.mean())
```

通过整合数据清洗的代码,可以发现,即使是最基础的数据清洗也需大量代码,那么,我们能否自定义数据清洗的函数呢?

自定义数据清洗函数需要考虑的因素众多,这里推荐使用科云第三方库提供的数据清洗函数:dataClean()函数,其默认清洗符号包括空格、短横线(-)、制表符(\t)、换行符(\n)、回车符(\r),清洗后若是数字则返回浮点数类型,其他返回字符串类型。

在会计中,短横线(-)有可能表示负号,所以对于短横线的清洗规则为:若是纯数字,则当作是负号,不做处理;若不是纯数字,则作为异常字符清洗。

dataClean()函数语法如下:

dataClean(s,list=[],clean_word=False,clean_nan=True)

其常用参数见表3-2-10。

表 3-2-10　dataClean( )函数常用参数

函数参数	说明
s	需要清洗的字符串,支持其他数据类型传入,调用函数后将其他数据类型转换为字符串进行处理
list	需要额外清洗的字符,以列表形式传入
clean_word	默认为 False,是否清洗汉字和英文
clean_nan	默认为 Ture,是否将 nan 替换为 0

例 3-2-9

```
#引入科云第三方库
from keyun.utils import *

#调用 dataClean 函数
str1='本月管理费用为 \n 50000 元'
dataClean(str1)
```

运行结果如下:

'本月管理费用为 50000 元'

例 3-2-10　要求:登录"科云大数据中心",使用科云第三方库爬虫函数 spider( )爬取"金字火腿股份有限公司"的财务报表摘要,并使用 dataClean( )函数进行数据清洗。

```
#引入科云第三方库
from keyun.utils import *

#爬取数据
spider('https://keyun-oss.oss-cn-beijing.aliyuncs.com/app/big-data/2019/company/year/cwbbzy_002515.csv','cwbbzy_002515.csv')

#数据清洗
df_jzht=pd.read_csv('cwbbzy_002515.csv')
df_jzht.applymap(dataClean).head(10)
```

运行结果如图 3-2-10 所示:

报告期	2019-12-31	2018-12-31	2017-12-31	2016-12-31	2015-12-31	2014-12-31	2013-12-31	2012-12-31	2011-12-31	2010-12-31	2009-12-31	2008-12-31	2007-12-31	Unnamed: 14
0	营业收入(万元)	28154.00	42642.00	37217.00	16056.00	18688.00	21292.00	20289.00	18472.00	17594.00	16310.00	14813.00	12279.00	9178.0	0.0
1	营业成本(万元)	15881.00	24696.00	21174.00	11129.00	11806.00	14627.00	12523.00	9781.00	9933.00	9691.00	9382.00	8084.00	5334.0	0.0
2	营业利润(万元)	3595.00	-9523.00	16398.00	2149.00	2521.00	2097.00	2639.00	3436.00	4542.00	4446.00	3860.00	2553.00	3111.0	0.0
3	利润总额(万元)	3598.00	-9596.00	16281.00	2686.00	2772.00	2536.00	3426.00	3934.00	5199.00	4801.00	4015.00	2583.00	3144.0	0.0
4	所得税费用(万元)	281.00	80.00	4937.00	446.00	253.00	-12.00	634.00	377.00	272.00	95.00	66.00	26.00	150.0	0.0
5	净利润(万元)	3318.00	-9676.00	11344.00	2240.00	2519.00	2548.00	2792.00	3557.00	4928.00	4706.00	3949.00	2557.00	2994.0	0.0
6	基本每股收益	0.04	-0.01	0.11	0.03	0.06	0.14	0.16	0.25	0.52	0.83	0.75	0.51	0.6	0.0
7	货币资金(万元)	8659.00	25995.00	43048.00	2176.00	4858.00	1707.00	3871.00	30281.00	33327.00	54793.00	893.00	1258.00	3906.0	0.0
8	应收账款(万元)	1755.00	1628.00	6082.00	1367.00	1077.00	1626.00	2246.00	1759.00	2289.00	1641.00	1290.00	829.00	499.0	0.0
9	存货(万元)	38063.00	16397.00	18396.00	18426.00	24045.00	30196.00	28963.00	27208.00	25006.00	15119.00	10808.00	7999.00	7353.0	0.0

图 3-2-10　例 3-2-10 运行结果

在进行复杂数据的数据清洗时,可以使用 dataClean( )函数先完成初步问题的处理,然后再针对复杂情况进一步处理。

任务三　Pandas 数据特征分析

Pandas 数据处理与分析的本质是基于数理统计方法的,Pandas 为用户提供了非常多的描述性统计分析的指标和方法。通过对数据做一些简单的统计、排序、分组运算,从大量的数据中得到统计信息,为下一步决策提供依据。

一、描述性统计分析

在财务工作中,常常需要计算各种财务指标的合计数、平均值、最大最小值、标准差等,那么如何才能快速知道这些统计值呢?Pandas 提供了许多描述性统计函数,常用统计函数见表 3-3-1。

数据特征分析

表 3-3-1　常用统计函数

函数	描述	函数	描述	函数	描述
count( )	非空值的个数	min( )	最小值	median( )	中位数
sum( )	求和	max( )	最大值	mode( )	众数
mean( )	平均值	describe( )	统计信息摘要	prod( )	数组元素乘积

续表

函数	描述	函数	描述	函数	描述
quantile( )	分位数	mad( )	平均绝对偏差	corr( )	相关系数
var( )	样本方差	abs( )	绝对值	pct_change( )	百分数变化
std( )	样本标准差	cov( )	协方差	diff( )	一阶差分

(一) describe( )函数

describe( )函数：用于生成描述性统计信息，将所有数值列进行统计，返回 DataFrame 中常见的统计指标，包括值个数、均值、标准差、最大最小值、百分数。其语法如下：

```
DataFrame.describe(percentiles = None, include = None, exclude = None,datetime_is_numeric=False)
```

其常用参数见表 3-3-2。

表 3-3-2 describe( )函数常用参数

常用参数	说明
percentiles	百分位数，介于 0—1 之间，默认[25%,50%,75%]
include	包含在结果中的数据类型，默认所有数值列
exclude	排除在结果中的数据类型，默认不排除任何内容
datetime_is_numeric	是否将 datetime dtypes 视为数字，默认为 False

例 3-3-1 读取 data.xlsx 中利润表项目数据，并使用 describe( )函数分析数据。
URL 地址：https://keyun-oss.acctedu.com/app/bigdata/basics/data.xlsx。

```
#引入 pandas
import pandas as pd

#读取 data.xlsx 利润表项目前 5 行
df = pd.read_excel(r'https://keyun-oss.acctedu.com/app/bigdata/
                basics/data.xlsx',sheet_name=1,
                converters={'年':str,'月':str})
df.describe()
```

运行结果如图 3-3-1 所示：

	营业收入	营业成本	净利润
count	24.000000	24.000000	24.00000
mean	337040.000000	210628.488333	63897.88000
std	45327.390222	30427.162225	10580.68317
min	248850.000000	155630.790000	45912.83000
25%	308675.000000	191006.562500	55033.37000
50%	325900.000000	205720.200000	63383.14000
75%	375275.000000	233922.550000	70726.81500
max	424000.000000	266484.000000	87133.20000

图 3-3-1　例 3-3-1 运行结果

describe( )函数返回的是一个 DataFrame,结合索引器即可单独提取想要的指标数据:

```
df.describe().loc['max','营业收入']
```

运行结果如下:

```
424000.0
```

(二) pct_change( )函数

pct_change( )函数:返回当前元素与先前元素之间的百分比变化,默认计算与前一行的百分比变化,适用于财务报表的环比分析。其语法如下:

```
DataFrame.pct_change(periods=1, fill_method='pad', limit=None, freq=None, **kwargs)
```

其常用参数见表 3-3-3。

表 3-3-3　pct_change( )函数常用参数

常用参数	说明
periods	计算周期,默认为 1
fill_method	填充空值的方法,默认为"'pad'",表示用前一个非缺失值填充,"'bfill'"表示用后一个非缺失值填充,None 表示不填充
limit	限制填充次数
axis	计算方向,{0 或'index', 1 或'columns'},默认 axis=0

例 3-3-2　以例 3-3-1 读取的 df,计算营业收入、营业成本、净利润的环比增长率。

```
#计算环比增长率
df.set_index(['年','月']).pct_change().head()
```

运行结果如图 3-3-2：

		营业收入	营业成本	净利润
年	月			
2019	1	NaN	NaN	NaN
	2	0.201895	0.207758	0.158439
	3	-0.245452	-0.236417	-0.284614
	4	0.146916	0.164521	0.140699
	5	0.031849	-0.049399	0.283766

图 3-3-2　例 3-3-2 运行结果

二、累计统计

在会计工作中，除了要计算各期发生额之外，往往还需要计算"本年累计值"。累计统计函数见表 3-3-4。

表 3-3-4　累计统计函数

函数	描述	函数	描述
cumsum( )	累计总和	cummax( )	累计最大值
cumprod( )	累计乘积	cummin( )	累计最小值

以上函数都存在 axis 参数。
➤ axis=0：默认值，沿 0 轴计算，即计算每列的值。
➤ axis=1：沿 1 轴计算，即计算每行的值。

例 3-3-3　要求：以例 3-3-1 读取的 df，计算 2019 年各月"营业收入、营业成本、净利润"的本年累计金额。

```
#累计统计
df.loc[df['年']=='2019'].set_index(['年','月']).cumsum().head()
```

运行结果如图 3-3-3 所示：

		营业收入	营业成本	净利润
年	月			
2019	1	274400	168756.00	55401.36
	2	604200	372572.40	119580.44
	3	853050	528203.19	165493.27
	4	1138460	709438.54	217866.01
	5	1432960	881721.04	285100.36

图 3-3-3　例 3-3-3 运行结果

三、数据排序

(一) sort_values() 函数

sort_values() 函数：按照某行或某列的值进行升序或降序排序。语法如下：

> DataFrame.sort_values (by, axis = 0, ascending = True, inplace = False, kind = 'quicksort', na_position = 'last', ignore_index = False, key = None)

其常用参数见表 3-3-5。

表 3-3-5　sort_values() 函数常用参数

常用参数	描述
by	axis 轴上的某个索引或索引列表，按什么排序
axis	要排序的轴，{0 或'index',1 或'columns'}，默认为 0，按照指定列数据排序
ascending	排序方式，默认为 True，代表升序排序，False 代表降序排序
inplace	默认为 False，True 表示直接在原数据上排序
ignore_index	是否重建索引，默认为 False

例 3-3-4　要求：按照净利润降序排序，显示前 5 行。

```
#数据排序
df.sort_values('净利润',ascending=False).head()
```

运行结果如图 3-3-4 所示：

	年	月	营业收入	营业成本	净利润
16	2020	5	322000	175329.0	87133.20
19	2020	8	424000	266484.0	79076.00
20	2020	9	392000	240884.0	78282.40
17	2020	6	384200	237627.7	75264.78
13	2020	2	388000	243664.0	74108.00

图 3-3-4　例 3-3-4 运行结果

(二) sort_index() 函数

sort_index() 函数：在指定轴上根据索引值对数据进行排序，默认使用行索引升序排序。语法如下：

> DataFrame.sort_index(axis=0,level=None,ascending=True,inplace=False,kind='quicksort',na_position='last',sort_remaining=True,ignore_index=False,key=None)

例 3-3-5　要求：按行索引降序排序，显示前 5 行。

```
#按照行索引降序排序
df.sort_index(ascending=False).head()
```

运行结果如图 3-3-5 所示：

	年	月	营业收入	营业成本	净利润
23	2020	12	401200	264069.84	62587.20
22	2020	11	343500	221557.50	59391.15
21	2020	10	354820	220839.97	69012.49
20	2020	9	392000	240884.00	78282.40
19	2020	8	424000	266484.00	79076.00

图 3-3-5　例 3-3-5 运行结果

数据分组

四、数据分组

groupby()函数：数据分组，即根据一个或多个 DataFrame 列名进行分组。函数语法如下：

```
DataFrame.groupby(by=None,axis=0,level=None,as_index=True,
sort=True,group_keys=True,squeeze=False,observed=False)
```

其常用参数见表 3-3-6。

表 3-3-6　groupby()函数常用参数

常用参数	说明
by	分类的依据，DataFrame 列名
axis	默认 axis=0：纵向分割；axis=1：横向分割
level	存在多层索引时，可按特定的索引层级分组
as_index	默认 as_index=True：返回以组标签为索引的对象； as_index=False：不以组标签为索引
sort	默认 sort=True：按组键排序；sort=False：可以提高性能

例 3-3-6　使用 groupby()函数按"年"对 data.xlsx 的利润表项目进行分组。
URL 地址：https://keyun-oss.acctedu.com/app/bigdata/basics/data.xlsx

```
#引入 pandas
import pandas as pd
```

```
#读取利润表项目
df = pd.read_excel(r'https://keyun-oss.acctedu.com/app/bigdata/
                basics/data.xlsx',sheet_name=1,
                converters={'年':str,'月':str})

#按年分组
df.groupby('年')
```

运行结果如下:

```
< pandas.core.groupby.generic.DataFrameGroupBy object at
0x7f4419a5a2d0>
```

使用 groupby( ) 函数对 DataFrame 数据进行分组操作后,返回的结果是一个分组的对象(DataFrameGroupBy,即分组的中间数据),而不是一个 DataFrame 或 Series 对象,分组后可以选择一个组查看或进行聚合运算。

get_group( ) 函数:根据组键选择分组对象中的一组。例如,查看 2019 年的数据:

```
df.groupby('年').get_group('2019')
```

运行结果如图 3-3-6 所示:

	年	月	营业收入	营业成本	净利润
0	2019	1	274400	168756.00	55401.36
1	2019	2	329800	203816.40	64179.08
2	2019	3	248850	155630.79	45912.83
3	2019	4	285410	181235.35	52372.74
4	2019	5	294500	172282.50	67234.35
5	2019	6	301100	190897.40	53385.03
6	2019	7	316500	207624.00	50545.05
7	2019	8	315550	198165.40	57556.32
8	2019	9	309350	196437.25	54105.32
9	2019	10	306650	191042.95	59582.10
10	2019	11	309350	197365.30	55342.72
11	2019	12	313800	202087.20	53565.66

图 3-3-6 例 3-3-6 运行结果(1)

也可以对分组数据求和:

```
#按年分组求和
df.groupby('年').sum()
```

运行结果如图 3-3-7 所示：

	营业收入	营业成本	净利润
年			
2019	3605260	2265340.54	669182.56
2020	4483700	2789743.18	864366.56

图 3-3-7　例 3-3-6 运行结果（2）

分组后进行求和操作即聚合运算，聚合函数是指减小返回对象尺寸的函数，groupby( ) 常用的聚合函数见表 3-3-7。

表 3-3-7　groupby( )常用聚合函数

函数	功能	函数	功能
mean( )	计算组平均值	describe( )	生成描述性统计
sum( )	计算组值之和	first( )	计算各组第一个值
size( )	计算组大小（行数）	last( )	计算各组最后一个值
count( )	计算各组元素个数	nth( )	取各组第 n 个值
std( )	计算各组标准差	min( )	计算各组最小值
var( )	计算各组方差	max( )	计算各组最大值
sem( )	均值的标准误差	median( )	计算各组中位数

五、数据聚合

groupby( ) 函数内置的聚合方法有许多，例如，在 groupby 后直接调用 sum 等函数，就会对所有数值列进行聚合计算，那么，如果想指定某几列进行不同聚合，该如何实现呢？

agg( ) 函数：具有自定义聚合功能，允许在一次计算中，自定义多种聚合方式。例如：对一列使用多种聚合；对每列使用相同的多种聚合；对选定列使用不同的聚合。agg( ) 函数语法如下：

```
groupby.agg(func)
```

func：聚合方式，接收字符串、函数名、列表、字典。

（一）对一列使用多种聚合

例 3-3-7　使用 groupby( ) 函数按"年"对例 3-3-6 中的利润表项目进行分组，并统计各组"营业收入"列的平均值、合计值、最小值、最大值。

```
#统计营业收入列的平均值、合计值、最小值、最大值
df.groupby('年').agg({'营业收入':['mean','sum','min','max']})
```

运行结果如图 3-3-8 所示：

年	营业收入			
	mean	sum	min	max
2019	300438.333333	3605260	248850	329800
2020	373641.666667	4483700	322000	424000

图 3-3-8　例 3-3-7 运行结果

对一列使用多种聚合方式，以字典形式传入，列名为 key，方法列表为 value。

（二）对每列使用相同的多种聚合

例 3-3-8　使用 groupby( ) 函数按"年"对例 3-3-6 中的利润表项目进行分组，并统计各组每列的平均值、合计值、最小值、最大值。

```
#统计每列的平均值、合计值、最小值、最大值
df.groupby('年').agg(['mean','sum','min','max'])
```

运行结果如图 3-3-9 所示：

年	营业收入				营业成本				净利润			
	mean	sum	min	max	mean	sum	min	max	mean	sum	min	max
2019	300438.333333	3605260	248850	329800	188778.378333	2265340.54	155630.79	207624.0	55765.213333	669182.56	45912.83	67234.35
2020	373641.666667	4483700	322000	424000	232478.598333	2789743.18	175329.00	266484.0	72030.546667	864366.56	59391.15	87133.20

图 3-3-9　例 3-3-8 运行结果

（三）对选定列使用不同的聚合

例 3-3-9　使用 groupby( ) 函数按"年"对例 3-3-6 中的利润表项目进行分组，并统计各组"营业收入"的最大值、"营业成本"的最小值、"净利润"的合计值。

```
#对选定列进行不同聚合
df.groupby('年').agg({'营业收入':'max','营业成本':'min',
                    '净利润':'sum'})
```

运行结果如图 3-3-10 所示：

	营业收入	营业成本	净利润
年			
2019	329800	155630.79	669182.56
2020	424000	175329.00	864366.56

图 3-3-10 例 3-3-9 运行结果

使用 agg() 函数可根据实际需求灵活选择聚合方式。

任务四　Pandas 数据规整

任务描述

数据预处理的常规步骤包括数据清洗、数据集成、数据转换和数据归约,但实际处理中并不是必须包含每一个步骤,也可能步骤之间有一定的交集。本任务对数据做进一步的合并、转换等工作,实现数据规整化,为后续的数据分析减少时间,降低成本和提高质量。

数据规整

知识技能

分析数据往往来源于不同渠道,在进行数据分析时经常需要融合多方信息,比如分析财务指标时通常涉及资产负债表和利润表数据,那么,在 Pandas 中,如何将多个表格的数据合并或者连接在一起呢?

Pandas 提供了多种合并、连接的方法,包括 merge() 函数、concat() 函数、join() 函数、append() 函数,这些函数均适用于不同 DataFrame 的合并,但适用的场景有所不同。

一、merge() 函数

merge() 函数:具有表连接功能,类似于 Excel 中的 VLOOKUP() 函数,可以根据一个或多个键(列值)将不同 DataFrame 连接起来。

merge() 函数应用场景:两个 DataFrame 存在相同的键,根据键整合到一张表中。函数语法如下:

```
pandas.merge(left, right, how='inner', on=None, left_on=None,
right_on=None, left_index=False, right_index=False, sort=False,
suffixes=('_x','_y'), copy=True, indicator=False, validate=None)
```

其常用参数见表 3-4-1。

表 3-4-1　merge( )函数常用参数

常用参数	说明
left、right	两个不同的 DataFrame
how	连接方式,有 inner、outer、left、right,默认为 inner 内连接
on	用于连接的列索引名称,左右两个 DataFrame 中必须同时存在,如果没有指定且 left_index 和 right_index 为 False,则以两个 DataFrame 列名交集作为连接键
left_on	左侧 DataFrame 中用于连接键的列名,该参数在左右列名不同但代表的含义相同时非常有用
right_on	右侧 DataFrame 中用于连接键的列名
left_index	默认 False,设置为 True 代表使用左侧 DataFrame 中的行索引作为连接键
right_index	默认 False,设置为 True 代表使用右侧 DataFrame 中的行索引作为连接键
sort	默认为 False,是否将合并的数据进行排序,设置为 False 可以提高性能
suffixes	字符串值组成的元组,两个表存在除主键之外的相同列名时,在列名后面附加的后缀名称用以区分数据来源于哪个表,默认为('_x','_y')
copy	默认为 True,设置为 False,可以在某些特殊情况下避免将数据复制到结果数据结构中
indicator	默认为 False,是否显示每行数据的来源
validate	自动检查其合并键中是否有意外的重复项

merge( )函数并没有 axis 参数,只能进行横向连接(列连接)。除了通过 pandas 调用 merge( )函数外,还可以直接对 DataFrame 调用 merge( )函数,调用 merge( )的 DataFrame 是"左表",而作为形参的 DataFrame 是"右表"。

例 3-4-1　使用 merge( )函数连接 data.xlsx 中的资产负债表项目和利润表项目。URL 地址:https://keyun-oss.acctedu.com/app/bigdata/basics/data.xlsx。

```
#引入 pandas
import pandas as pd

#读取资产负债表项目
df1 = pd.read_excel(r'https://keyun-oss.acctedu.com/app/bigdata/
            basics/data.xlsx',sheet_name=0,
            converters={'年':str,'月':str})

#读取利润表项目
df2 = pd.read_excel(r'https://keyun-oss.acctedu.com/app/bigdata/
            basics/data.xlsx',sheet_name=1,
            converters={'年':str,'月':str})
```

```
#调用merge函数连接df1、df2
df3=pd.merge(df1,df2,how='left')
df3.head()
```

运行结果如图 3-4-1 所示：

	年	月	平均流动资产	平均非流动资产	平均流动负债	平均非流动负债	平均所有者权益	营业收入	营业成本	净利润
0	2019	1	644977.56	3780673.82	572266.12	2120000	1733385.26	274400	168756.00	55401.36
1	2019	2	668209.90	3820905.96	584387.34	2120000	1784728.52	329800	203816.40	64179.08
2	2019	3	675872.23	3872786.78	607200.23	2120000	1821458.78	248850	155630.79	45912.83
3	2019	4	692674.56	4105445.53	610013.12	2324750	1863356.97	285410	181235.35	52372.74
4	2019	5	707906.90	4176813.56	642826.01	2324750	1917144.45	294500	172282.50	67234.35

图 3-4-1　例 3-4-1 运行结果

在例 3-4-1 中，使用的连接方式是"left"，merge( )函数表连接方式有四种，分别为 inner、left、right、outer，默认为 inner，连接后空值用 NaN 填充，各连接方式的区别如下。

➢ inner：内连接，取交集。
➢ outer：外连接，取并集。
➢ left：左连接，左侧取全部，右侧取部分。
➢ right：右连接，右侧取全部，左侧取部分。

以两个简单的 DataFrame 为例，四种连接方式结果如图 3-4-2 和图 3-4-3 所示。

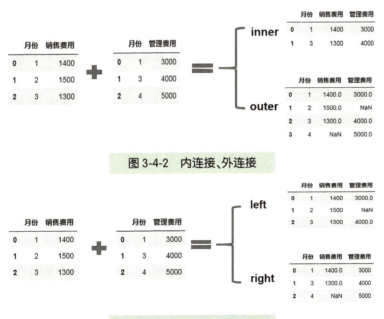

图 3-4-2　内连接、外连接

图 3-4-3　左连接、右连接

二、concat( )函数

concat( )函数：沿特定轴连接两个或两个以上的 DataFrame，既可实现纵向合并也可实现横向合并,行列索引均可重复。

concat( )函数适用场景:两个或多个 DataFrame 进行横向(列拼接)或纵向合并(行拼接)。其语法如下:

```
pandas.concat(objs,axis=0,join='outer',ignore_index=False,keys=
None,levels=None,names=None,verify_integrity=False,sort=None,
copy=True)
```

其常用参数见表 3-4-2。

表 3-4-2　concat( )函数常用参数

常用参数	说明
objs	连接对象
axis	轴向,0 代表纵向合并(行拼接),1 代表横向合并(列拼接),默认是 0
join	连接方式,有 inner(交集)、outer(并集),默认为 outer
ignore_index	是否重建索引,默认为 False
keys	传递键作为最外层级来构建层次结构索引,默认为 None
levels	生成层次索引的级别,默认为 None
names	生成层次索引的名称,默认为 None
verify_integrity	检测新的串联轴是否包含重复项,默认为 False
sort	将合并的数据进行排序,设置为 False 可以提高性能,默认为 True
copy	是否复制,默认为 True

例 3-4-2　使用 concat( )函数将例 3-4-1 中的资产负债表项目和利润表项目进行纵向合并。

```
# concat 函数纵向合并
df4=pd.concat([df1,df2])

#查看行索引 21 及以后的行
df4[21:]
```

运行结果如图 3-4-4 所示:

	年	月	平均流动资产	平均非流动资产	平均流动负债	平均非流动负债	平均所有者权益	营业收入	营业成本	净利润
21	2020	10	998422.15	5841634.12	901735.50	3120000.0	2818320.77	NaN	NaN	NaN
22	2020	11	1022654.48	5904836.64	941657.43	3120000.0	2865833.69	NaN	NaN	NaN
23	2020	12	1047886.81	5959596.00	971579.36	3120000.0	2915903.45	NaN	NaN	NaN
0	2019	1	NaN	NaN	NaN	NaN	NaN	274400.0	168756.00	55401.36
1	2019	2	NaN	NaN	NaN	NaN	NaN	329800.0	203816.40	64179.08
2	2019	3	NaN	NaN	NaN	NaN	NaN	248850.0	155630.79	45912.83

图 3-4-4　例 3-4-2 运行结果

默认 axis=0，将表格进行纵向合并（行拼接），拼接后的表格，行列索引均进行如下操作。

- index=index(df1)+index(df2)→直接累加。
- columns=columns(df1)∪columns(df2)→累加去重。

例 3-4-3　使用 concat( ) 函数将例 3-4-1 中的资产负债表项目和利润表项目进行横向合并。

```
#concat 函数横向合并
df5=pd.concat([df1,df2],axis=1)
df5.head()
```

运行结果如图 3-4-5 所示：

	年	月	平均流动资产	平均非流动资产	平均流动负债	平均非流动负债	平均所有者权益	年	月	营业收入	营业成本	净利润
0	2019	1	644977.56	3780673.82	572266.12	2120000	1733385.26	2019	1	274400	168756.00	55401.36
1	2019	2	668209.90	3820905.96	584387.34	2120000	1784728.52	2019	2	329800	203816.40	64179.08
2	2019	3	675872.23	3872786.78	607200.23	2120000	1821458.78	2019	3	248850	155630.79	45912.83
3	2019	4	692674.56	4105445.53	610013.12	2324750	1863356.97	2019	4	285410	181235.35	52372.74
4	2019	5	707906.90	4176813.56	642826.01	2324750	1917144.45	2019	5	294500	172282.50	67234.35

图 3-4-5　例 3-4-3 运行结果

axis=1，将表格进行纵向合并（行拼接），拼接后的表格，行列索引均进行如下操作。

- columns=columns(df1)+columns(df2)→直接累加。
- index=index(df1)∪index(df2)→累加去重。

三、join( ) 函数

join( ) 函数：连接另一个 DataFrame 的列（横向连接），与 merge( ) 函数功能类似，区别在于两者适用的场景有所不同。

join( ) 函数适用场景：无重复列名的两个 DataFrame 基于行索引进行列拼接。

join( ) 函数语法如下：

```
DataFrame.join(other, on=None, how='left', lsuffix='', rsuffix='', sort=False)
```

其常用参数见表 3-4-3。

表 3-4-3　join( ) 函数常用参数

常用参数	说明
other	连接的 DataFrame
on	指定左表中用于连接的列名，右边必须有相同的列（需设置为索引）

续表

常用参数	说明
how	连接方式,有 inner、outer、left、right,默认为"'left'",左连接
lsuffix	两表列名重复时,左表的使用的后缀
rsuffix	两表列名重复时,右表的使用的后缀
sort	默认为 True,将合并的数据进行排序,设置为 False 可以提高性能

例 3-4-4 使用 join( ) 函数将例 3-4-1 中的资产负债表项目和利润表项目进行横向合并。

```
df1.join(df2.set_index(['年','月']),on=['年','月']).head()
```

运行结果如图 3-4-6 所示:

	年	月	平均流动资产	平均非流动资产	平均流动负债	平均非流动负债	平均所有者权益	营业收入	营业成本	净利润
0	2019	1	644977.56	3780673.82	572266.12	2120000	1733385.26	274400	168756.00	55401.36
1	2019	2	668209.90	3820905.96	584387.34	2120000	1784728.52	329800	203816.40	64179.08
2	2019	3	675872.23	3872786.78	607200.23	2120000	1821458.78	248850	155630.79	45912.83
3	2019	4	692674.56	4105445.53	610013.12	2324750	1863356.97	285410	181235.35	52372.74
4	2019	5	707906.90	4176813.56	642826.01	2324750	1917144.45	294500	172282.50	67234.35

图 3-4-6 例 3-4-4 运行结果

join( ) 函数适用于无重复列名的两个 DataFrame 横向连接,df1 与 df2 存在相同的列 "年""月",对 df1 调用 join( ) 函数,必须将右表(df2)相同列名设置为索引才能进行连接,其结果与 merge( ) 函数一致,所以在含有相同的列时,直接调用 merge( ) 函数效率更高,实际使用时,可根据不同的场景确定连接方式。

四、append( ) 函数

append( ) 函数:向 DataFrame 对象中添加新的行(纵向合并),如果添加的列名不在 DataFrame 对象中,将会被当作新的列进行添加。

append( ) 函数适用场景:两个 DataFrame 纵向连接,是 concat(axis=0) 的简略形式。

append( ) 函数语法如下:

```
DataFrame.append(other,ignore_index=False,verify_integrity=False,sort=False)
```

其常用参数见表 3-4-4:

表 3-4-4 append()函数常用参数

常用参数	说明
other	需要追加的 DataFrame
ignore_index	是否重建索引，默认为 False
verify_integrity	具有重复项的索引是否抛出异常，默认为 False
sort	默认为 True，将合并的数据进行排序

例 3-4-5 使用 append()函数将例 3-4-1 中的资产负债表项目和利润表项目进行纵向合并。

```
#append 函数纵向合并,查看 21 及以后的行
df1.append(df2)[21:]
```

运行结果如图 3-4-7 所示：

	年	月	平均流动资产	平均非流动资产	平均流动负债	平均非流动负债	平均所有者权益	营业收入	营业成本	净利润
21	2020	10	998422.15	5841634.12	901735.50	3120000.0	2818320.77	NaN	NaN	NaN
22	2020	11	1022654.48	5904836.64	941657.43	3120000.0	2865833.69	NaN	NaN	NaN
23	2020	12	1047886.81	5959596.00	971579.36	3120000.0	2915903.45	NaN	NaN	NaN
0	2019	1	NaN	NaN	NaN	NaN	NaN	274400.0	168756.00	55401.36
1	2019	2	NaN	NaN	NaN	NaN	NaN	329800.0	203816.40	64179.08
2	2019	3	NaN	NaN	NaN	NaN	NaN	248850.0	155630.79	45912.83

图 3-4-7 例 3-4-5 运行结果

五、数据透视

在财务工作中，当分析数据庞大，数据结构不断变化时，经常会使用到数据透视表，那么，在 Pandas 中有没有类似的功能呢？

pivot_table()函数：类似于 Excel 中的数据透视表功能，是一种可以对数据动态排布并且分类汇总的表格格式，pivot_table 可以将普通列转换为行索引、列索引及元素值，进行各种汇总计算。

数据透视

pivot_table()函数语法如下：

```
DataFrame.pivot_table(values=None, index=None, columns=None,
aggfunc='mean', fill_value=None, margins=False, dropna=True,
margins_name='All',observed=False)
```

其常用参数见表 3-4-5。

表 3-4-5 pivot_table( )函数常用参数

常用参数	说明
values	数据透视表的元素值：若不指定 values,默认将除行、列索引以外的所有列作为元素值列
index	数据透视表的行索引：可选取一列或多列
columns	数据透视表的列索引：可选取一列或多列
aggfunc	值计算方式：默认计算平均值"mean"
fill_value	NaN 用什么填充：默认不填充,fill_value=0 表示用 0 填充
margins	默认 margins=False：表示不进行汇总;margins=True：表示汇总
dropna	是否放弃所有元素均为 NaN 的列：默认为 True,代表放弃所有元素均为 NaN 的列
margins_name	汇总栏命名,默认为'All'

例 3-4-6 读取 data.xlsx 中的"利润表项目",新增"季度"列作为行索引、"年"为列索引,统计"营业收入"和"营业成本"的季度发生额。

URL 地址：https://keyun-oss.acctedu.com/app/bigdata/basics/data.xlsx。

```
#引入 pandas,读取利润表项目
import pandas as pd
df = pd.read_excel(r'https://keyun-oss.acctedu.com/app/bigdata/
            basics/data.xlsx',sheet_name=1,
            converters={'年':str,'月':str})

#创建一个月份与季度对照的字典 monthToQuarter
monthToQuarter = {'1':'第 1 季','2':'第 1 季','3':'第 1 季','4':'第 2 季','5':'
            第 2 季','6':'第 2 季','7':'第 3 季','8':'第 3 季','9':'第 3
            季','10':'第 4 季','11':'第 4 季','12':'第 4 季'}

#插入'季度'列
df['季度']=df['月'].map(monthToQuarter)

#数据透视表
df1=df.pivot_table(index=['季度'],columns=['年'],values=['营业收
            入','营业成本'],aggfunc='sum')
df1
```

运行结果如图 3-4-8 所示：

	营业成本		营业收入	
年	2019	2020	2019	2020
季度				
第1季	528203.19	674739.39	853050	1088480
第2季	544415.25	645644.20	881010	1078500
第3季	602226.65	762892.28	941400	1217200
第4季	590495.45	706467.31	929800	1099520

图 3-4-8　例 3-4-6 运行结果

知识点拨

为什么要使用 pivot_table？
- 灵活性强，可以随意定制分析计算内容。
- 脉络清晰，易于理解数据。
- 操作性强，财务分析神器。

六、轴向转换

数据重塑的方法除了 pivot_table 外，还有轴向转换，即数据行列索引相互转换，包括 stack( ) 函数和 unstack( ) 函数，灵活运用轴向转换功能可轻松实现数据重塑。
- stack( ) 函数：将数据的列索引转换为行索引，默认转换最内层的索引。
- unstack( ) 函数：将数据的行索引转换为列索引，默认转换最内层的索引。

stack( ) 函数和 unstack( ) 函数互为逆操作。

知识点拨

轴向转换通过对索引层级的控制，实现对数据的重塑。当索引层级较多时，可以使用轴向转换来重塑数据。

分层索引：允许在一个轴上拥有多个索引层级，它提供了一种在低维度形式中处理高维度数据的方法，是 Pandas 的重要特征，如图 3-4-9 所示，列索引包含两层：

	营业成本		营业收入	
年	2019	2020	2019	2020
季度				
第1季	528203.19	674739.39	853050	1088480
第2季	544415.25	645644.20	881010	1078500
第3季	602226.65	762892.28	941400	1217200
第4季	590495.45	706467.31	929800	1099520

图 3-4-9　轴向转换举例

（一）stack()函数

stack()函数：将数据的列索引转换为行索引，返回一个经过重整的 DataFrame 或 Series。其语法如下：

```
DataFrame.stack(level=-1, dropna=True)
```

其常用参数见表 3-4-6。

表 3-4-6　stack()函数常用参数

常用参数	说明
level	int、str、list，表示需要转换索引轴，默认为"-1"，表示转换最内层的列索引，转换后为最内层的行索引
dropna	是否删除所有值均缺失的行，默认为 True

（二）unstack()函数

unstack()函数：将数据的行索引转换为列索引，返回一个经过重整的 DataFrame 或 Series。其语法如下：

```
DataFrame.unstack(level=-1, fill_value=None)
```

其常用参数见表 3-4-7。

表 3-4-7　unstack()函数常用参数

常用参数	说明
level	int、str、list，表示需要转换索引轴，默认为"-1"，表示转换最内层的列索引，转换后为最内层的行索引
fill_value	int、str、dict，缺失值替换方式

（三）轴向转换示例

例 3-4-7　将例 3-4-6 的 df1 中的列索引"年"和行索引"季度"进行互换。

```
#轴向转换
df1.stack().unstack(0)
```

运行结果如图 3-4-10 所示：

	营业成本				营业收入			
季度	第1季	第2季	第3季	第4季	第1季	第2季	第3季	第4季
年								
2019	528203.19	544415.25	602226.65	590495.45	853050	881010	941400	929800
2020	674739.39	645644.20	762892.28	706467.31	1088480	1078500	1217200	1099520

图 3-4-10　例 3-4-7 运行结果(1)

对 df1 调用 stack( )函数,默认将最内层的列索引转换为最内层的行索引,可得到结果如图 3-4-11 所示:

季度	年	营业成本	营业收入
第1季	2019	528203.19	853050
	2020	674739.39	1088480
第2季	2019	544415.25	881010
	2020	645644.20	1078500
第3季	2019	602226.65	941400
	2020	762892.28	1217200
第4季	2019	590495.45	929800
	2020	706467.31	1099520

图 3-4-11　例 3-4-7 运行结果(2)

再继续调用 unstack( )函数,需要转换的行索引为"季度",其索引层级为第一层索引,则传入其索引层级 0,即可得到最终结果。

项目四 数据可视化

项目描述

数据永远是枯燥的,而图形却具有生动性,数据可视化技术则可以帮助人们更好地进行数据分析。数据可视化是运用计算机图形学、图像、人机交互等技术,将采集或模拟的数据映射为可识别的图形、图像。数据可视化是技术与艺术的完美结合,借助图形化的手段,清晰有效地传达与沟通信息。一方面,数据赋予可视化以价值;另一方面,可视化增加数据的灵性,两者相辅相成,帮助企业从信息中提取知识、从知识中收获价值。通过本项目的学习,学习者能够了解数据可视化的众多展现方式,掌握不同数据类型的不同展现方法。突出数据中的关注点,帮助学习者在较短时间内分析更多数据并快速做出决策,提高数据沟通的效率。

学习目标

1. 认识 Matplotlib。
2. 掌握 Matplotlib 可视化绘图。
3. 掌握 Pandas 作图函数——plot。
4. 认识 Pyecharts。
5. 掌握 Pyecharts 初级应用。
6. 掌握 Pyecharts 高级应用。

任务一 Matplotlib

任务描述

Python 中的 Matplotlib 是个专门用于可视化展示的库,使用该库能帮助人们很容易地进行数据可视化,轻松地将数据转化为折线图、直方图、条形图、散点图等高质量的 2D 或 3D 图形。

数据美颜宝藏库:
让数据也养眼

一、Matplotlib 简介

Matplotlib 是 Python 的第三方绘图库,仅需几行代码,就能够生成各种格式的图形(如折线图、散点图、柱状图等)。使用 Matplotlib 生成的图形质量较高,甚至可以达到出版级别。

Matplotlib 简介

Matplotlib 最核心的模块是 pyplot 模块,几乎所有的 2D 图形都是通过该模块绘制,约定别名为 plt,pyplot 模块引入规则如下:

```
from matplotlib import pyplot as plt
```

二、Matplotlib 初级应用

Matplotlib 基本绘图流程如图 4-1-1 所示。

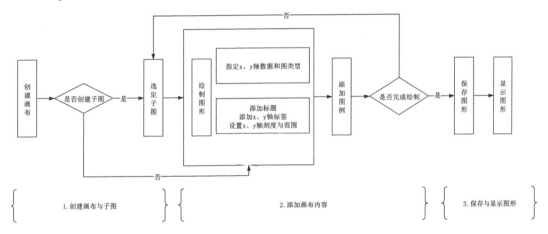

图 4-1-1　Matplotlib 基本绘图流程

Matplotlib 基本绘图流程可以简化为三部分:创建画布与子图、添加画布内容、保存与显示图形。

(一) 创建画布与子图

绘图的第一步就是构建一张空白画布(figure,用于容纳图表的各种组件),并选择是否建立子图,pyplot 模块中默认有一个 figure 对象,所以,最简单的绘图可以省略第一步,直接在默认的画布上进行绘制。

1. 创建画布

figure()函数:构建一张新的空白画布(返回一个 figure 对象)。其语法如下:

```
plt.figure(num = None, figsize = None, dpi = None, facecolor = None,
edgecolor = None, frameon = True, FigureClass = Figure, clear = False,
**kwargs)
```

其常用参数见表4-1-1。

表4-1-1 figure()函数常用参数

常用参数	说明
num	图像编号或名称,数字为编号,字符串为名称,是图形的唯一标识符
figsize	指定figure的宽和高,单位为英寸
dpi	指定绘图对象的分辨率
facecolor	背景颜色,默认白色

例 4-1-1 创建一个编号为1、宽度为9、高度为5、分辨率为100的画布。

```
from matplotlib import pyplot as plt
plt.figure(num="1",figsize=(9,5),dpi=100)
```

运行结果如下:

\<Figure size 900x500 with 0 Axes\>
\<Figure size 900x500 with 0 Axes\>

2. 创建子图

figure中默认有一个坐标系(axes),创建n个子图则有n个坐标系,作图在坐标系中完成。
subplot()函数:创建子图(创建一个n行m列的axes对象),并选择绘图区域。
subplot()函数语法如下:

```
plt.subplot(nrows,ncols,index)
```

subplot()函数参数如下。
➤ nrows、ncols:子图的行数和列数,表示绘图区域被分为n行m列。
➤ index:子图索引,表示当前绘图区,子图按照从左到右、从上往下的顺序进行索引编号,编号从1开始,如图4-1-2所示。

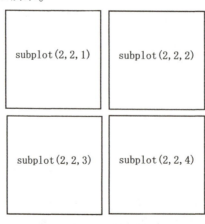

图4-1-2 subplot()函数创建子图

例 4-1-2 在例 4-1-1 创建的画布上创建 2 行 3 列的子图。

```
from matplotlib import pyplot as plt
plt.figure(num="1",figsize=(9,5),dpi=100)
plt.subplot(2,3,1)
plt.subplot(2,3,3)
plt.subplot(2,3,5)
```

运行结果如图 4-1-3 所示:

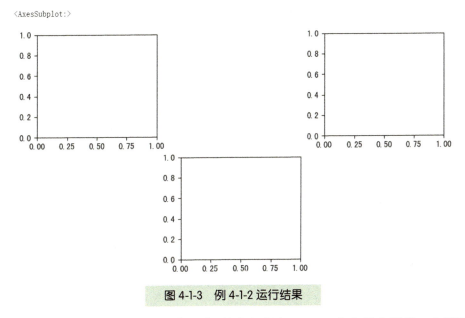

图 4-1-3　例 4-1-2 运行结果

使用 subplot 可以规划 figure 划分 n 个子图,但每条 subplot 命令只会创建一个子图。

(二) 添加画布内容

添加画布内容是绘图的主体部分,首先,要确定 x、y 轴的数据及绘图类型,在 Matplotlib 中,大部分图形样式的绘制方法都存在于 pyplot 模块中,常用图形见表 4-1-2。

表 4-1-2　pyplot 模块中常用图形

图形	说明	图形	说明
plt.plot( )	折线图	plt.pie( )	饼状图
plt.scatter( )	散点图	plt.area( )	面积图
plt.bar( )	柱状图	plt.stackplot( )	堆叠图
plt.hist( )	直方图	plt.boxplot( )	箱线图

确定 x、y 轴的数据及绘图类型后,即可设置图形的标题、x、y 轴的标签、刻度、范围等,最后添加图例。各类标签及图例常用函数见表 4-1-3。

表 4-1-3　各类标签及图例常用函数

函数	说明	函数	说明
plt.title( )	设置图像标题	plt.xlim( )	设置 x 轴范围
plt.xlabel( )	设置 x 轴名称	plt.ylim( )	设置 y 轴范围
plt.ylabel( )	设置 y 轴名称	plt.xticks( )	设置 x 轴刻度
plt.legend( )	设置图例	plt.yticks( )	设置 y 轴刻度

(三) 保存与显示图形

保存与显示图形的函数见表 4-1-4。

表 4-1-4　保存与显示图形的函数

函数	说明	函数	说明
plt.savefig( )	保存绘制的图形	plt.show( )	显示图形

如果需要保存图片,那么必须在 plt.show( ) 之前调用 plt.savefig( ),这是由于调用 plt.show( ) 后会创建一个新的空白图片,在其后调用 plt.savefig( ) 将会保存新的空白图片。

例 4-1-3　甲公司 1—5 月份销售额依次为 45 000 元、38 000 元、54 000 元、55 000 元、48 000 元,使用 pyplot 模块绘制 1—5 月销售额柱状图。

```
from matplotlib import pyplot as plt

#步骤一:创建画布
plt.figure(figsize=(5,3),dpi=120)

#步骤二:创建绘图区(只有一个绘图区时可省略)
plt.subplot(1,1,1)

#步骤三:指定数据和图形(x 轴为月份,y 轴为销售额)
x=[1,2,3,4,5]
y=[45000,38000,54000,55000,48000]
plt.bar(x,y,width=0.5)

#步骤四:添加标签
plt.xlabel('月')
plt.ylabel('销售额')
plt.title('1—5月销售额')
```

```
#步骤五：保存图形
plt.savefig('1—5月销售额.png')

#步骤六：显示图形
plt.show()
```

运行结果如图 4-1-4 所示：

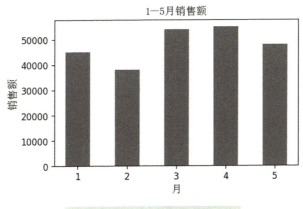

图 4-1-4　例 4-1-3 运行结果

（四）matplotlib 可视化绘图

Matplotlib 可以绘制各类图形，这里主要介绍如何将 DataFrame 数据以折线图、柱状图、饼图、组合图展示。

Matplotlib 可视化绘图

1. 绘制折线图

折线图是最基本的图形，由线条组成。plot()函数用于绘制折线图，其语法如下：

```
plt.plot(x, y, scalex=True, scaley=True, data=None, **kwargs)
```

其常用参数见表 4-1-5。

表 4-1-5　plot()函数常用参数

常用参数	说明
x、y	表示 x、y 轴数据，接收数组、列表、元组等
scalex、scaley	是否自动缩放 x、y 轴，默认为 True
data	可索引对象（如 dict、DataFrame 等），如果给定 data，则只需提供在 x、y 中绘制的标签名称，如以 DataFrame 中的列作为 x、y 轴数据
color(c)	设置折线颜色，接收字符串
marker	设置线条上标记点的样式，默认为 None，接收字符串
linestyle(ls)	设置线型的样式，默认实线"-"，接收字符串

续表

常用参数	说明
linewidth(lw)	设置线型的宽度,接收数值
alpha	设置线型的透明度,在 0.0—1.0 之间
label	图例内容,接收字符串

其中,颜色设置方法:color='颜色名字',也可通过 RGB 对应的十六进制颜色码设置颜色,基本颜色代码见表 4-1-6。

表 4-1-6 基本颜色代码

color 参数设置	颜色	对应十六进制颜色码
color='b'	蓝(blue)	color='#0000FF'
color='g'	绿(green)	color='#008000'
color='r'	红(red)	color='#FF0000'
color='w'	白(white)	color='#FFFFFF'
color='m'	洋红(magenta)	color='#FF00FF'
color='y'	黄(yellow)	color='#FFFF00'
color='k'	黑(black)	color='#000000'
color='c'	青(cyan)	color='#00FFFF'

常见线型样式见表 4-1-7。

表 4-1-7 常见线型样式

linestyle 参数设置	线型	linestyle 参数设置	线型
linestyle='-'	默认实线	linestyle='-.'	点划线
linestyle='--'	虚线	linestyle=':'	点状线

常见标记样式见表 4-1-8。

表 4-1-8 常见标记样式

marker 参数设置	标记点	marker 参数设置	标记点
marker='.'	实心点	marker='+'	加号
marker='s'	正方形	marker='v'	一角朝下三角形
marker='o'	圆圈	marker='^'	一角朝上三角形
marker='*'	星号	marker='D'	菱形
marker='p'	五边形	marker='H'	六边形

例 4-1-4 读取 data.xlsx 文件,根据"资产负债表项目"和"利润表项目"计算各期毛利率、营业净利率、权益净利率、总资产净利率,并筛选 2020 年相关指标。

URL 地址:https://keyun-oss.acctedu.com/app/bigdata/basics/data.xlsx。

```
#引入pandas
import pandas as pd

#读取资产负债表项目
df1=pd.read_excel(r'https://keyun-oss.acctedu.com/app/bigdata/
              basics/data.xlsx',sheet_name=0)

#读取利润表项目
df2=pd.read_excel(r'https://keyun-oss.acctedu.com/app/bigdata/
              basics/data.xlsx',sheet_name=1)

#调用merge()函数连接df1、df2
df3=pd.merge(df1,df2)

#指标计算
df3['毛利率']=(df3['营业收入']-df3['营业成本'])/df3['营业收入']
df3['营业净利率']=df3['净利润']/df3['营业收入']
df3['权益净利率']=df3['净利润']/df3['平均所有者权益']
df3['总资产净利率']=df3['净利润']/(df3['平均流动资产']+df3['平均非流动
              资产'])

#创建df_2020(2020年财务指标统计)
df_2020=df3.loc[df3['年']==2020,['年','月','营业收入','毛利率','营业净
利率','权益净利率','总资产净利率']]
df_2020
```

运行结果如图4-1-5所示：

	年	月	营业收入	毛利率	营业净利率	权益净利率	总资产净利率
12	2020	1	345700	0.3846	0.1950	0.029588	0.012658
13	2020	2	388000	0.3720	0.1910	0.031702	0.013714
14	2020	3	354780	0.3846	0.1984	0.029403	0.012913
15	2020	4	372300	0.3750	0.1927	0.029267	0.013395
16	2020	5	322000	0.4555	0.2706	0.034562	0.016008
17	2020	6	384200	0.3815	0.1959	0.029158	0.013480
18	2020	7	401200	0.3631	0.1744	0.026531	0.010587
19	2020	8	424000	0.3715	0.1865	0.029282	0.011728
20	2020	9	392000	0.3855	0.1997	0.028331	0.011453
21	2020	10	354820	0.3776	0.1945	0.024487	0.010089
22	2020	11	343500	0.3550	0.1729	0.020724	0.008573
23	2020	12	401200	0.3418	0.1560	0.021464	0.008931

图4-1-5 例4-1-4运行结果

例 4-1-5 根据例 4-1-4 中 2020 年毛利率和营业净利率指标绘制折线图。

```
#创建画布
plt.figure(figsize=(8,4),dpi=100)

#指定数据
plt.plot(df_2020['月'],df_2020['毛利率'],label='毛利率',linewidth=
    2,marker='s')
plt.plot(df_2020['月'],df_2020['营业净利率'],label='营业净利率',
    linewidth=2,marker='s')

#设置标签、标题
plt.xlabel('月')
plt.ylabel('比率')
plt.title('2020毛利率&营业净利率')
plt.xticks(df_2020['月'])
plt.legend()

#显示图形
plt.show()
```

运行结果如图 4-1-6 所示：

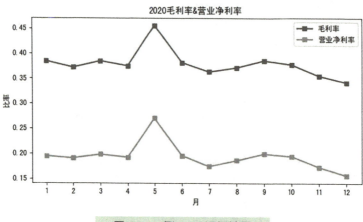

图 4-1-6　例 4-1-5 运行结果

2. 绘制柱状图

柱状图也称为条形图，是一种以长方形长度为变量的表达图形的统计报告图，由一系列高度不等的纵向条纹表示数据分布的情况，用来比较两个或者两个以上的数值。

bar( )函数：绘制柱状图。其语法如下：

```
plt.bar(x, height, width=0.8, bottom=None, *, align='center',
data=None, **kwargs)
```

其常用参数见表 4-1-9。

表 4-1-9　bar( )函数常用参数

常用参数	说明
x	x 轴数据,接收数组、列表、元组等
height	柱状的高度,即 y 轴数值,接收数组、列表、元组等
width	柱状的宽度,默认值为 0.8
bottom	设置 y 边界坐标轴起点
align	柱状与 x 坐标的对齐方式,默认值为"'center'",表示居中位置,align='edge'表示边缘位置
data	可索引对象(如 dict、DataFrame 等)
color、edgecolor(ec)	柱状填充颜色、图形边缘颜色
alpha	设置柱状的透明度,取值在 0.0—1.0 之间
label	图例内容,接收字符串

例 4-1-6 根据例 4-1-4 中 2020 年权益净利率和总资产净利率指标绘制柱状图,图形并列显示。

```
#创建画布
plt.figure(figsize=(8,4),dpi=100)

#指定数据
plt.bar(df_2020['月']-0.2,df_2020['权益净利率'],label='权益净利率',
        width=0.4)      # x-0.2:防止图形重合
plt.bar(df_2020['月']+0.2,df_2020['总资产净利率'],label='总资产净利
        率',width=0.4)   # x+0.2:防止图形重合

#设置标签、标题
plt.xlabel('月')
plt.ylabel('比率')
plt.title('2020 权益净利率 & 总资产净利率')
plt.xticks(df_2020['月'])
plt.legend()

#显示图形
plt.show()
```

运行结果如图 4-1-7 所示：

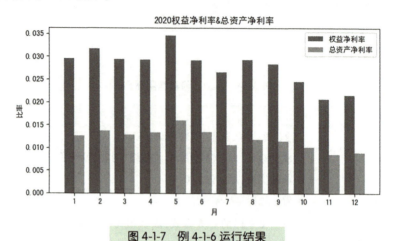

图 4-1-7　例 4-1-6 运行结果

上述代码中包含 2 组数据，分别为"权益净利率"和"总资产净利率"，当存在两组数据时，柱状图形默认为堆叠状态，若想并列排布，可通过设置 x 轴为位置进行调整。

3. 绘制饼图

饼图用于表示不同分类的占比情况，通过弧度大小来对比各种分类，饼图通过将一个圆饼按照分类的占比分成多个区块，整个圆饼代表数据的总量，每个区块（圆弧）表示该分类占总体比例大小。

pie( ) 函数：绘制饼图。函数语法如下：

```
plt.pie(x,explode=None,labels=None,colors=None,autopct=None,
pctdistance=0.6,shadow=False,labeldistance=1.1,startangle=None,
radius=1,counterclock=True,wedgeprops=None,textprops=None,
center=(0,0),frame=False,rotatelabels=False,*,normalize=None,
data=None)
```

其常用参数见表 4-1-10。

表 4-1-10　pie( ) 函数常用参数

常用参数	说明
x	绘图数据，饼图每一部分的比例，接收数组、列表、元组，若 sum(x)>1，则使用 sum(x) 归一化（计算各项百分比）
explode	指定每一部分偏移中心的距离（以半径为 1，按占半径的比例设置），接收列表或元组
labels	设置标签，接收列表或元组
colors	设置饼图颜色，接收列表或元组
autopct	设置饼图每一部分百分数格式，如：'%.2f%%'（百分数保留 2 位小数）

续表

常用参数	说明
shadow	是否显示阴影,默认 False
radius	设置饼图半径,默认值为 1
labeldistance	标签位置相对于半径的比例,默认值为 1.1
pctdistance	饼图百分数显示位置相对于半径的比例,默认值为 0.6

例 4-1-7　根据例 4-1-4 中 2020 年营业收入指标绘制饼图。

```
#创建画布
plt.figure(figsize=(5,5),dpi=100)

#指定数据
plt.pie(df_2020['营业收入'],labels=df_2020['月'],autopct=
    '%.2f%%')

#设置标题
plt.title('2020营业收入')

#显示图形
plt.show()
```

运行结果如图 4-1-8 所示:

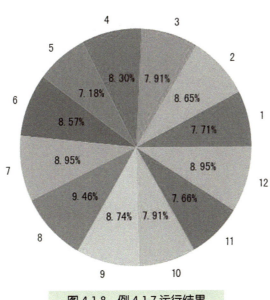

图 4-1-8　例 4-1-7 运行结果

4. 绘制组合图形

有些情况,需要将两个及以上图形绘制在一起,这就需要将上面的知识结合起来应用。

例 4-1-8　使用 subplot( ) 函数将例 4-1-5 绘制的折线图和例 4-1-6 绘制的柱状图组合在一起。

```
#创建画布
plt.figure(figsize=(12,9))

#创建折线图绘图区并绘制图形
plt.subplot(2,1,1)
plt.plot(df_2020['月'],df_2020['毛利率'],label='毛利率',linewidth=
    2,marker='s')
plt.plot(df_2020['月'],df_2020['营业净利率'],label='营业净利率',
    linewidth=2,marker='s')
plt.xlabel('月')
plt.ylabel('比率')
plt.title('2020 财务指标对比')
plt.xticks(df_2020['月'])
plt.legend()

#创建柱状图绘图区并绘制图形
plt.subplot(2,1,2)
plt.bar(df_2020['月']-0.2,df_2020['权益净利率'],label='权益净利率',
    width=0.4)
plt.bar(df_2020['月']+0.2,df_2020['总资产净利率'],label='总资产净利
    率',width=0.4)
plt.xlabel('月')
plt.ylabel('比率')
plt.xticks(df_2020['月'])
plt.legend()

#显示图形
plt.show()
```

运行结果如图 4-1-9 所示:

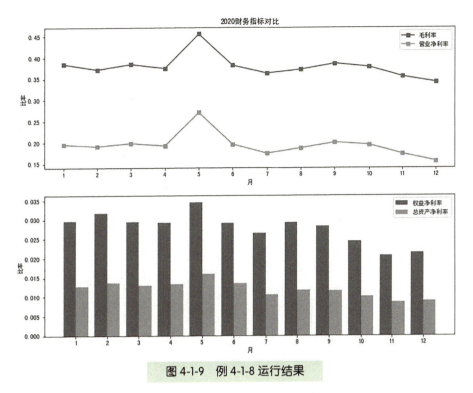

图 4-1-9　例 4-1-8 运行结果

创建子图除了使用 subplot( )函数之外,还可以使用 subplots( )函数。

subplots( )函数:快速创建多子图环境,将画布分为 n 行 m 列的绘图空间,返回一个 figure 和多个 axes(列表),需要两个变量分别接收,选择区域时使用子图的列表索引进行访问,子图索引从 0 开始。其语法如下:

```
plt.subplots(nrows,ncols,sharex = False, sharey = False, squeeze = True,subplot_kw=None,gridspec_kw=None,**fig_kw)
```

subplots( )函数常用参数如下。
- nrows、ncols:子图的行数和列数,表示绘图区域被分为 n 行 m 列。
- sharex、sharey:是否共享 x 轴或 y 轴,默认为 False,代表子图的 x、y 轴独立。
- **fig_kw:figure( )函数的参数都可以使用,如 figsize。

例 4-1-9　使用 subplots( )函数将例 4-1-5 绘制的折线图和例 4-1-6 绘制的柱状图组合在一起。

```
#创建子图,共享 x、y 轴
fig,ax=plt.subplots(2,1,sharex=True,figsize=(12,9))

#绘制折线图
ax[0].plot(df_2020['月'],df_2020['毛利率'],label='毛利率',linewidth
        =2,marker='s')
```

```
ax[0].plot(df_2020['月'],df_2020['营业净利率'],label='营业净利率',
           linewidth=2,marker='s')
ax[0].set_title('2020 财务指标对比')
ax[0].legend()

#绘制柱状图
ax[1].bar(df_2020['月']-0.2,df_2020['权益净利率'],label='权益净利
          率',width=0.4)
ax[1].bar(df_2020['月']+0.2,df_2020['总资产净利率'],label='总资产净
          利率',width=0.4)
ax[1].set_xlabel('月')
ax[1].set_xticks(df_2020['月'])
ax[1].legend()

#显示图形
plt.show()
```

运行结果如图 4-1-10 所示：

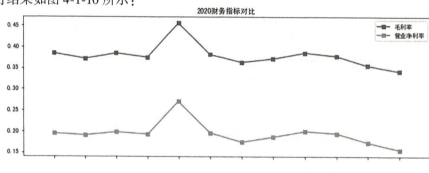

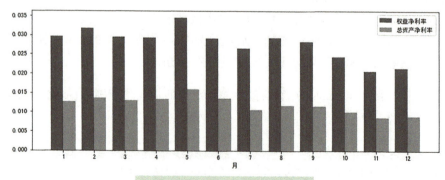

图 4-1-10　例 4-1-9 运行结果

subplot( ) 与 subplots( ) 函数都可以创建子图，那么，二者之间有什么区别呢？

subplot( ) 函数需要先创建画布，再创建子图，并且每次只能返回一个坐标对象，绘图时，每次都要调用 subplot( ) 函数指定位置。

subplots()函数在创建画布时,会一次性建立所有子图 axes,后续直接调用 axes 对象即可,使用该方法可以直接规划画布(指定画布大小等)。

此外,在确定子图编号时 subplot()函数从 1 开始,subplots()函数从 0 开始。

三、Pandas 作图函数

使用 Matplotlib 可以完成绝大多数作图需求,但是绘图流程非常烦琐,那有没有更简便的绘图方式呢?

Pandas 提供了 plot()绘图函数,可以绘制多种图形样式,相比于 Matplotlib,可以直接对 DataFrame 调用该函数,并且函数中集成了 x、y 轴数据、图形标题、图例、样式等参数,代码比 Matplotlib 简洁许多。

Pandas 作图函数

需要注意的是,使用 Pandas 作图内部依赖于 Matplotlib,因此在使用 plot()函数之前,必须引入 Matplotlib 库。

plot()函数语法如下:

```
DataFrame.plot(x=None,y=None,kind='line',ax=None,subplots=
False,sharex=None,sharey=False,layout=None,figsize=None,use_
index=True,title=None,grid=None,legend=True,style=None,logx=
False,logy=False,loglog=False,xticks=None,yticks=None,xlim=
None,ylim=None,rot=None,secondary_y=False,sort_columns=False,*
*kwargs)
```

其常用参数见表 4-1-11。

表 4-1-11　plot()函数常用参数

常用参数	说明
x	指定 x 轴上显示的数据列,默认使用行索引
y	指定 y 轴上显示的数据列,默认所有数值型数据列
kind	绘图类型,默认为折线图"'line'",可选参数有:"'bar'"(柱状图)、"'barh'"(水平条形图)、"'hist'"(直方图)、"'box'"(箱线图)、"'kde'"(密度估计图)、"'area'"(面积图)、"'pie'"(饼图)、"'scatter'"(散点图)、"'hexbin'"(蜂巢图)
ax	选择子绘图区域,默认为 None
subplots	是否按列绘制子图,默认为 False
sharex	共享 x 轴,若 ax=None,则默认为 True,否则为 False
sharey	共享 y 轴,默认为 False
layout	子图的行列布局,元组形式(行,列)
figsize	图形尺寸大小,元组形式(宽度,高度)
use_index	用索引做 x 轴,默认为 True

续表

常数参数	说明
title	图形的标题,字符串或列表,若传递字符串,则在图顶部打印该字符串,若传递列表且含有子图,则依次在每个子图顶部打印标题
grid	图表是否有网格,默认为 None
legend	子图的图例显示,默认为 True,可选'reverse',颠倒图例顺序
style	对每列折线图设置线的样式,列表或字典
logx	设置 x 轴刻度是否取对数,默认为 False
logy	设置 y 轴刻度是否取对数,默认为 False
loglog	同时设置 x、y 轴刻度是否取对数,默认为 False
xticks	设置 x 轴刻度,使用序列形式(如列表)
yticks	设置 y 轴刻度,使用序列形式(如列表)
xlim	设置 x 轴的数值范围,使用列表或元组形式
ylim	设置 y 轴的数值范围,使用列表或元组形式
rot	设置轴标签(轴刻度)的显示旋转度数,默认为 None
secondary_y	设置第二个 y 轴(右 y 轴),默认为 False,也可以列表或元组形式指定列
sort_columns	对列名称进行排序以确定绘图顺序,默认为 False,不排序
**kwargs	在 Matplotlib 绘图方法中,相关参数都可以在此函数中使用,如 color、linestyle、linewidth、marker 等

例 4-1-10 根据例 4-1-4 中 2020 年毛利率、营业净利率、权益净利率、总资产净利率指标进行可视化展示,绘制折线图,并针对权益净利率、总资产净利率指标设置右 y 轴。

```
#折线图
df_2020.plot('月',['毛利率','营业净利率','权益净利率','总资产净利率'],
    secondary_y=['权益净利率','总资产净利率'],linewidth=
    2,marker='s',title='2020 年盈利能力指标统计',
    figsize=(12,5));
```

运行结果如图 4-1-11 所示:

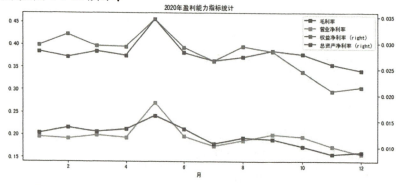

图 4-1-11 例 4-1-10 运行结果

绘图后,在代码后加分号";"可以隐藏图形相关信息,仅展示可视化图形。

例 4-1-11　根据例 4-1-4 中 2020 年权益净利率、总资产净利率指标绘制柱状图。

```
#柱状图
df_2020.plot('月',['权益净利率','总资产净利率'],kind='bar',title=
        '2020年权益净利率&总资产净利率',
        figsize=(12,4),rot=0);
```

运行结果如图 4-1-12 所示:

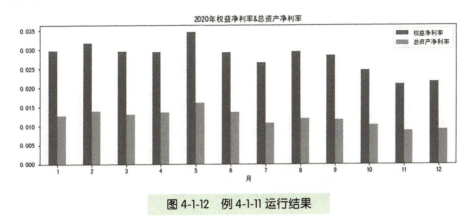

图 4-1-12　例 4-1-11 运行结果

例 4-1-12　根据例 4-1-10 和例 4-1-11 可视化结果,绘制组合图形。

```
#创建子图
fig,ax=plt.subplots(2,1,figsize=(12,10))

#绘制"2020年盈利能力指标统计"
df_2020.plot('月',['毛利率','营业净利率','权益净利率','总资产净利率'],
        secondary_y=['权益净利率','总资产净利率'],linewidth=2,
        marker='s',title='2020年盈利能力指标统计',ax=ax[0])

#绘制"2020年权益净利率&总资产净利率"
df_2020.plot('月',['权益净利率','总资产净利率'],
        kind='bar',ax=ax[1],rot=0,
        title='2020年权益净利率&总资产净利率');
```

运行结果如图 4-1-13 所示:

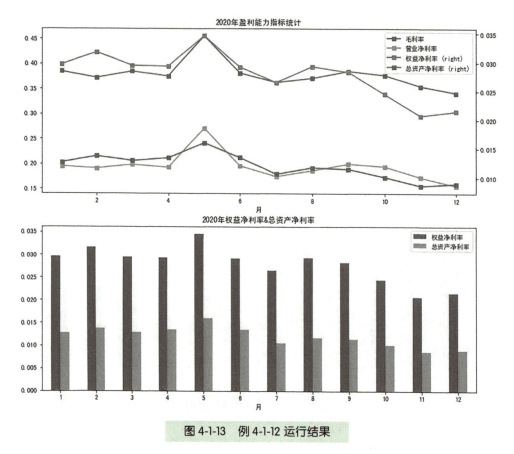

图 4-1-13　例 4-1-12 运行结果

使用 DataFrame.plot() 函数只需要指定相应参数，即可快速绘制 matplotlib 中的图形。

任务二　Pyecharts

任务描述

Pyecharts 是一个用于生成 Echarts 图表的类库，而 Echarts 是一个开源的数据可视化库，一个纯 JavaScript 的图标库，可以流畅地运行在 PC 和移动设备上。使用 Pyecharts 可以让开发者轻松实现大数据的可视化。

知识技能

一、Pyecharts 简介

商业级数据图表（Enterprise Charts，Echarts），是一个由百度开源的数据可视化库，凭借着良好的交互性、精巧的图表设计，得到了众多开发者的认可。Echarts 除了支持常规的折线图、柱状图、饼图等基本图形外，还支持树

Pyecharts 简介

形图、3D 图及组合图形。

Python 是一门富有表达力的语言，很适合用于数据处理，而 Pyecharts 是一个用于生成 Echarts 图表的类库，通过将 Echarts 与 Python 进行对接，实现在 Python 中直接使用数据生成 Echarts 图表的功能。

Pyecharts 支持的图表类型有很多种，包括基本图表、直角坐标系图表、树型图表、3D 图表、组合图表等，这里就不一一列举，具体图形绘制方法可参考 Pyecharts 官方网站（https://pyecharts.org）。

二、Pyecharts 初级应用

Pyecharts 图表类引入：

```
from pyecharts.charts import 图表类名
```

Pyecharts 绘图基本流程如下。
➢ 初始化具体类型图表。
➢ 使用 add( )方法添加数据及配置项。
➢ 使用 render( )生成图形(.html 文件)。
➢ 使用 render_notebook( )在 notebook 中展示图形。

例 4-2-1　甲公司 1—5 月份收入金额依次为 45 000 元、38 000 元、54 000 元、55 000 元、48 000 元，成本金额依次为 31 500 元、28 500 元、38 880 元、40 700 元、35 520 元。使用 Pyecharts 绘制 1—5 月收入成本对比图(图表类型为柱状图)。

```
#初始化图表类型
from pyecharts.charts import Bar
bar1=Bar()

#添加数据
bar1.add_xaxis(['1月','2月','3月','4月','5月'])
bar1.add_yaxis('收入',[45000,38000,54000,55000,48000])
bar1.add_yaxis('成本',[31500,28500,38880,40700,35520])

#生成html文件
bar1.render('收入&成本对比.html')

#展示图形
bar1.render_notebook()
```

运行结果如图 4-2-1 所示：

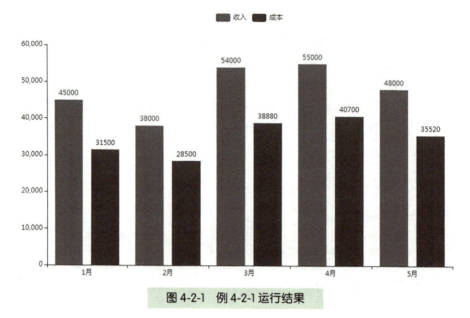

图 4-2-1　例 4-2-1 运行结果

Pyecharts 还支持链式调用：

```
from pyecharts.charts import Bar
bar1=(Bar()
    .add_xaxis(['1月','2月','3月','4月','5月'])
    .add_yaxis('收入',[45000,38000,54000,55000,48000])
    .add_yaxis('成本',[31500,28500,38880,40700,35520])
    )

#展示图形
bar1.render_notebook()
```

三、Pyecharts 高级应用

例 4-2-1 中使用 Pyecharts 绘制了简单的柱状图,但是通过观察可以发现,绘制出来的图形没有标题,也没有工具栏,那么如何才能使图形更加精巧?

Pyecharts 高级应用

Pyecharts 提供了丰富的配置项,包括全局配置项和系列配置项。
- set_global_opts( )：全局配置项,可配置标题、图例、坐标轴、工具箱等。
- set_series_opts( )：系列配置项,可配置图元样式、文字样式、标签样式、点线样式等。

Pyecharts 配置项引入方法：

```
from pyecharts import options as opts
```

1. 初始化配置

在初始化图表类型时进行初始化配置,方法如下:

init_opts=opts.InitOpts()

常用参数见表 4-2-1。

表 4-2-1　初始化配置常用参数

常用参数	说明
width	str,图表画布宽度(像素 px),如:width='900px'
height	str,图表画布高度(像素 px),如:height='500px'
chart_id	str,图表 ID,图表唯一标识
theme	图表主题

Pyecharts 内置提供了多种不同风格的主题,只需引入主题类型即可使用,主题类型引入方法:

from pyecharts.globals import ThemeType

设置主题方法:

theme=ThemeType. 主题风格

内置主题风格见表 4-2-2。

表 4-2-2　内置主题风格

BUILTIN_THEMES	INFOGRAPHIC	ROMA	WALDEN
CHALK	LIGHT	ROMANTIC	WESTEROS
DARK	MACARONS	SHINE	WHITE
ESSOS	PURPLE_PASSION	VINTAGE	WONDERLAND

每种主题风格具体格式可参考 Pyecharts 官方网站。

例 4-2-2　在例 4-2-1 图形的基础上,配置宽度为 800px,高度为 450px,主题风格为"DARK"。

#引入表格类型、配置项、主题类型
from pyecharts.charts import Bar
from pyecharts import options as opts
from pyecharts.globals import ThemeType

```
#初始化配置,设置主题风格
bar1=Bar(init_opts=opts.InitOpts(width='800px',height='450px',
        theme=ThemeType.DARK))

#添加数据
bar1.add_xaxis(['1月','2月','3月','4月','5月'])
bar1.add_yaxis('收入',[45000,38000,54000,55000,48000])
bar1.add_yaxis('成本',[31500,28500,38880,40700,35520])

#展示图形
bar1.render_notebook()
```

运行结果如图4-2-2所示:

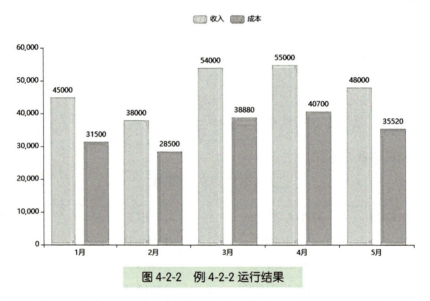

图4-2-2 例4-2-2运行结果

可以看出,进行初始化配置之后,图形看起来更加美观,如果再想添加标题、图例及其他功能,那么就需要继续配置了。

2. 常用全局配置项

(1)标题配置项。

调用标题配置项:

```
title_opts=opts.TitleOpts()
```

其常用参数见表4-2-3。

表 4-2-3　调用标题配置项常用参数

常用参数	说明
title	主标题文本,支持使用\n 换行
subtitle	副标题文本,支持使用\n 换行
pos_left	标题组件离容器左侧的距离,可以是具体数值,也可以是百分比,还可以是"'left'""'center'""'right'",组件会根据相应的位置自动对齐
pos_right	标题组件离容器右侧的距离
pos_top	标题组件离容器上侧的距离,可以是具体数值,也可以是百分比,还可以是"'top'""'middle'""'bottom'",组件会根据相应的位置自动对齐
pos_bottom	标题组件离容器下侧的距离

例 4-2-3　在例 4-2-2 图形的基础上,设置主标题为"收入 & 成本对比",副标题为"2020 年 1—5 月"。

```
#引入表格类型、配置项、主题类型
from pyecharts.charts import Bar
from pyecharts import options as opts
from pyecharts.globals import ThemeType

#初始化配置
bar1=Bar(init_opts=opts.InitOpts(width='800px',height='450px',
        theme=ThemeType.DARK))

#添加数据
bar1.add_xaxis(['1 月','2 月','3 月','4 月','5 月'])
bar1.add_yaxis('收入',[45000,38000,54000,55000,48000])
bar1.add_yaxis('成本',[31500,28500,38880,40700,35520])

#设置全局配置项
bar1.set_global_opts(title_opts=opts.TitleOpts(title='收入 & 成
        本对比',subtitle='2020 年 1-5 月'))

#展示图形
bar1.render_notebook()
```

运行结果如图 4-2-3 所示:

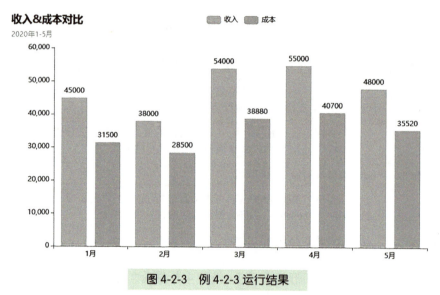

图 4-2-3　例 4-2-3 运行结果

（2）图例配置项。

调用图例配置项：

legend_opts=opts.LegendOpts()

其常用参数见表 4-2-4。

表 4-2-4　调用图例配置项常用参数

常用参数	说明
type_	图例的类型，可选，默认为"'plain'"：代表普通图例；"'scroll'"：代表可滚动翻页的图例
selected_mode	图例选择的模式，控制是否可以通过点击图例改变系列的显示状态。默认开启图例选择，可以设成 False 关闭，也可设成"'single'"或者"'multiple'"，分别表示使用单选或者多选模式
is_show	是否显示图例组件，默认为 True
pos_left/pos_right	图例组件离容器左/右侧的距离
pos_top/pos_bottom	图例组件离容器上/下侧的距离
orient	图例列表的布局朝向，默认为"'horizontal'"，表示水平；可选"'vertical'"，表示垂直

例 4-2-4　在例 4-2-3 图形的基础上，将图例垂直排布。

```
#引入表格类型、配置项、主题类型
from pyecharts.charts import Bar
from pyecharts import options as opts
from pyecharts.globals import ThemeType
```

```
#初始化配置
bar1=Bar(init_opts=opts.InitOpts(width='800px',height='450px',
        theme=ThemeType.DARK))

#添加数据
bar1.add_xaxis(['1月','2月','3月','4月','5月'])
bar1.add_yaxis('收入',[45000,38000,54000,55000,48000])
bar1.add_yaxis('成本',[31500,28500,38880,40700,35520])

#设置全局配置项
bar1.set_global_opts(title_opts=opts.TitleOpts(title='收入&成
            本对比',subtitle='2020年1—5月'),
            legend_opts=opts.LegendOpts(orient='verti-
            cal'))

#展示图形
bar1.render_notebook()
```

运行结果如图4-2-4所示:

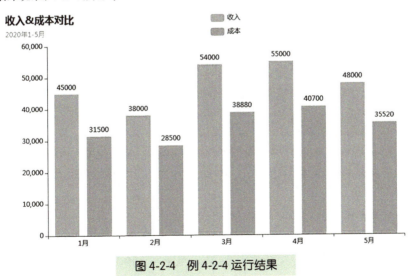

图 4-2-4　例 4-2-4 运行结果

(3)坐标轴配置项。

调用 x、y 轴配置项:

```
xaxis_opts=opts.AxisOpts()
yaxis_opts=opts.AxisOpts()
```

其常用参数见表 4-2-5。

表 4-2-5　调用 x、y 轴配置项常用参数

常用参数	说明
name	坐标轴名称
is_show	是否显示坐标轴,默认为 True
is_inverse	是否反向坐标轴,默认为 False
name_location	坐标轴名称显示位置,可选:"'start'""'middle'""'center'""'end'",默认为"'end'"
name_gap	坐标轴名称与轴线之间的距离,默认值为 15
name_rotate	坐标轴名称旋转角度值,解决坐标轴名称过长的问题
axislabel_opts	坐标轴标签配置项。如:设置坐标轴标签旋转角度值,解决坐标轴标签名称过长的问题:axislabel_opts=opts.LabelOpts(rotate=-30)

例 4-2-5　在例 4-2-4 图形的基础上,分别设置 x 轴和 y 轴标签为"月份""金额(元)",并根据图形调整标签位置。

```
#引入表格类型、配置项、主题类型
from pyecharts.charts import Bar
from pyecharts import options as opts
from pyecharts.globals import ThemeType

#初始化配置
bar1=Bar(init_opts=opts.InitOpts(width='800px',height='450px',
        theme=ThemeType.DARK))

#添加数据
bar1.add_xaxis(['1月','2月','3月','4月','5月'])
bar1.add_yaxis('收入',[45000,38000,54000,55000,48000])
bar1.add_yaxis('成本',[31500,28500,38880,40700,35520])

#设置全局配置项
bar1.set_global_opts(title_opts=opts.TitleOpts(title='收入 & 成
                    本对比',subtitle='2020年1-5月'),
                    legend_opts = opts.LegendOpts(orient='ver-
                    tical'),
                    xaxis_opts=opts.AxisOpts(name='月份'),
                    yaxis_opts=opts.AxisOpts(name='金额(元)',
                            name_location='center',
                            name_gap=50))
```

```
#展示图形
bar1.render_notebook()
```

运行结果如图 4-2-5 所示：

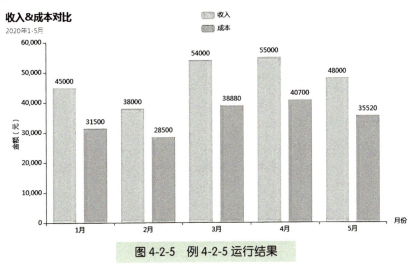

图 4-2-5　例 4-2-5 运行结果

（4）工具箱配置。

调用工具箱配置：

```
toolbox_opts=opts.ToolboxOpts()
```

其常用参数见表 4-2-6。

表 4-2-6　调用工具箱配置常用参数

常用参数	说明
is_show	是否显示工具栏组件，默认为 False
orient	工具栏的布局朝向，默认为 "'horizontal'"，表示水平，可选 "'vertical'"，表示垂直
pos_left	图例组件离容器左侧的距离
pos_right	图例组件离容器右侧的距离
pos_top	图例组件离容器上侧的距离
pos_bottom	图例组件离容器下侧的距离

例 4-2-6　在例 4-2-5 图形的基础上，添加一个工具箱。

```
#引入表格类型、配置项、主题类型
from pyecharts.charts import Bar
from pyecharts import options as opts
from pyecharts.globals import ThemeType
```

```
#初始化配置
bar1=Bar(init_opts=opts.InitOpts(width='800px',height='450px',
        theme=ThemeType.DARK))

#添加数据
bar1.add_xaxis(['1月','2月','3月','4月','5月'])
bar1.add_yaxis('收入',[45000,38000,54000,55000,48000])
bar1.add_yaxis('成本',[31500,28500,38880,40700,35520])

#设置全局配置项
bar1.set_global_opts(title_opts=opts.TitleOpts(title='收入&成
                    本对比',subtitle='2020年1-5月'),
                    legend_opts=opts.LegendOpts(orient='ver-
                        tical'),
                    xaxis_opts=opts.AxisOpts(name='月份'),
                    yaxis_opts=opts.AxisOpts(name='金额(元)',
                                name_location='center',
                                name_gap=50),
                     toolbox_opts=opts.ToolboxOpts(is_show=
                    True))

#展示图形
bar1.render_notebook()
```

运行结果如图4-2-6所示：

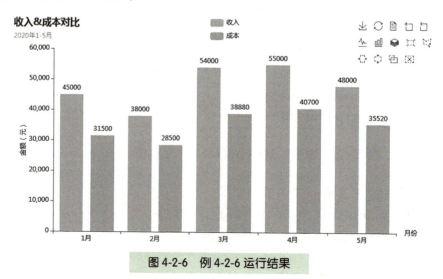

图4-2-6 例4-2-6运行结果

通过工具箱可进行图形下载、区域缩放、基本图形转换等操作。

3. 常用系列配置项

通过 set_series_opts()设置系列配置项,常用系列配置项见表 4-2-7。

常用系列配置项

表 4-2-7　set_series_opts()常用系列配置项

常用系列配置项	说明
标签配置项	调用配置:label_opts = opts.LabelOpts(),可设置标签的字体、大小、位置、旋转角度等 常用参数:is_show(是否显示标签)
线样式配置项	调用配置:linestyle_opts = opts.LineStyleOpts(),可设置线条的宽度、透明度、颜色等 常用参数:width(调整线条宽度)
区域填充样式配置项	调用配置:areastyle_opts = opts.AreaStyleOpts(),可设置区域填充的透明度、颜色等 常用参数:opacity(设置透明度,0—1 的数字,可通过该参数绘制面积图)

4. DataFrame 数据可视化

(1)数据格式转换。

Pyecharts 本质上是将 Echarts 的配置项由 Python dict 序列化为 JSON 格式,所以 Pyecharts 支持什么格式的数据类型取决于 JSON 支持什么数据类型,Python 中对 JSON 的格式转换见表 4-2-8。

表 4-2-8　对 JSON 的格式转换

Python	JSON
int、float	number
str	string
bool	boolean
dict	object(JSON 对象)
list	array

将数据传入 Pyecharts 时,需要先将数据格式转换成上述 Python 原生的数据类型才能使用;而数据分析一般需要使用 Numpy、Pandas 等第三方库,Numpy 中的 int64、int32 等数据类型并不继承自 Python 原生数据类型,所以在使用这些数据时需要将其转换为 Python 原始数据类型,具体转换方式如下:

```
Series.tolist()
```

(2)数据准备。

例 4-2-7 读取 data.xlsx 文件,根据"资产负债表项目"和"利润表项目"计算各期毛利率、营业净利率、权益净利率、总资产净利率,并计算各期毛利率、营业净利率、权益净利率、总资产净利率,并筛选 2020 年相关指标。

URL 地址:https://keyun-oss.acctedu.com/app/bigdata/basics/data.xlsx。

```
#引入 pandas
import pandas as pd

#读取资产负债表项目
df1=pd.read_excel(r'https://keyun-oss.acctedu.com/app/bigdata/
                  basics/data.xlsx',sheet_name=0,
                  converters={'年':str,'月':str})

#读取利润表项目
df2=pd.read_excel(r'https://keyun-oss.acctedu.com/app/bigdata/
                  basics/data.xlsx',sheet_name=1,
                  converters={'年':str,'月':str})

#调用 merge()函数连接 df1、df2
df3=pd.merge(df1,df2)

#指标计算
df3['毛利率']=(df3['营业收入']-df3['营业成本'])/df3['营业收入']
df3['营业净利率']=df3['净利润']/df3['营业收入']
df3['权益净利率']=df3['净利润']/df3['平均所有者权益']
df3['总资产净利率']=df3['净利润']/(df3['平均流动资产']+df3['平均非流
                    动资产'])

#创建 df_2020(2020 年财务指标统计)
df_2020=df3.loc[df3['年']=='2020',['年','月','营业收入','毛利率','营业
                净利率','权益净利率','总资产净
                利率']]

df_2020
```

运行结果如图 4-2-7 所示:

	年	月	营业收入	毛利率	营业净利率	权益净利率	总资产净利率
0	2020	1	345700	0.3846	0.1950	0.029588	0.012658
1	2020	2	388000	0.3720	0.1910	0.031702	0.013714
2	2020	3	354780	0.3846	0.1984	0.029403	0.012913
3	2020	4	372300	0.3750	0.1927	0.029267	0.013395
4	2020	5	322000	0.4555	0.2706	0.034562	0.016008
5	2020	6	384200	0.3815	0.1959	0.029158	0.013480
6	2020	7	401200	0.3631	0.1744	0.026531	0.010587
7	2020	8	424000	0.3715	0.1865	0.029282	0.011728
8	2020	9	392000	0.3855	0.1997	0.028331	0.011453
9	2020	10	354820	0.3776	0.1945	0.024487	0.010089
10	2020	11	343500	0.3550	0.1729	0.020724	0.008573
11	2020	12	401200	0.3418	0.1560	0.021464	0.008931

图 4-2-7　例 4-2-7 运行结果

（3）绘制饼图。

例 4-2-8　在例 4-2-7 的基础上，根据 2020 年营业收入指标，使用 Pyecharts 绘制饼图，要求展示玫瑰饼图。

```
#引入表格类型、配置项
from pyecharts.charts import Pie
from pyecharts import options as opts

#按营业收入降序排序
df_sorted=df_2020.sort_values('营业收入',ascending=False)

#数据转换：将 DataFrame 转换为 Python 数据类型列表
x=df_sorted['月'].tolist()
y1=df_sorted['营业收入'].tolist()

#系列数据项,格式为[(key1,value1),(key2,value2)]
data=[z for z in zip(x,y1)]

#绘制饼图
pie=Pie()
pie.add('营业收入',data,rosetype='area')
pie.set_global_opts(title_opts=opts.TitleOpts(title='2020营业收入'),
                    legend_opts=opts.LegendOpts(pos_left='5%',
                    pos_top='10%',
                    orient='vertical'))
pie.render_notebook()
```

运行结果如图 4-2-8 所示：

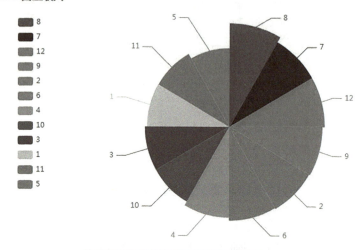

图 4-2-8 例 4-2-8 运行结果

饼图包含两组数据，分别为"月份"和"营业收入"，两组数据的格式为 [（key1，value1），(key2,value2)]，这时可使用 zip( )函数将这两组数据打包，然后转换为列表即可，案例中使用的是列表推导式，还可使用数据转换函数 list( )进行强制数据转换。

玫瑰图在饼图的基础上绘制，在使用 add( )函数添加数据时，通过设置参数 rosetype = 'area'，即可以玫瑰图进行展示。

知识点拨

Pyecharts 中每种图形都有丰富的参数设置，关于各类图形详细的参数说明可参考 Pyecharts 官方文档。

（4）绘制面积图。

例 4-2-9 在例 4-2-7 的基础上，根据 2020 年毛利率、营业净利率、权益净利率、总资产净利率指标，使用 Pyecharts 绘制面积图。

```
#引入表格类型、配置项、主题类型
from pyecharts.charts import Line
from pyecharts import options as opts
from pyecharts.globals import ThemeType

#数据转换：将 DataFrame 转换为 Python 数据类型列表
x=df_2020['月'].tolist()
y2=df_2020['毛利率'].tolist()
```

```
y3=df_2020['营业净利率'].tolist()
y4=df_2020['权益净利率'].tolist()
y5=df_2020['总资产净利率'].tolist()

#初始化配置
line1 = Line(init_opts = opts.InitOpts(width ='900px', height =
            '500px',theme=ThemeType.ESSOS))
#添加数据
line1.add_xaxis(x)
line1.add_yaxis('毛利率',y2,is_smooth=True)        #平滑曲线
line1.add_yaxis('营业净利率',y3,is_smooth=True)
line1.add_yaxis('权益净利率',y4,is_smooth=True)
line1.add_yaxis('总资产净利率',y5,is_smooth=True)

#设置全局配置项
line1.set_global_opts(title_opts=opts.TitleOpts(title ='2020年
                    盈利能力指标统计',pos_left='center'),
                    legend_opts=opts.LegendOpts(pos_left='12%',
                            pos_top='5%',orient='vertical'),
                    xaxis_opts=opts.AxisOpts(name='月份'),
                    yaxis_opts=opts.AxisOpts(name='比率'),
                    toolbox_opts = opts.ToolboxOpts(is_show =
                            True))

#设置系列配置项
line1.set_series_opts(linestyle_opts=opts.LineStyleOpts(width=3),
                    label_opts=opts.LabelOpts(is_show=False),
areastyle_opts=opts.AreaStyleOpts(opacity=0.3))

#展示图象
line1.render_notebook()
```

运行结果如图 4-2-9 所示：

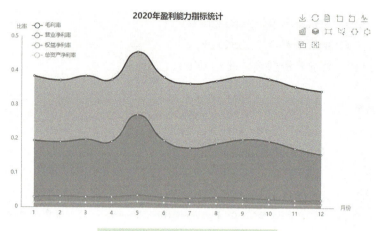

图 4-2-9　例 4-2-9 运行结果

面积图是在折线图的基础上进行区域填充后的结果,通过区域填充样式配置项 areastyle_opts 即可进行区域填充,通过参数 opacity 设置区域填充的透明度。

(5) Pyecharts 组合图形。

Pyecharts 也可以将多个图形组合在一起,常用组合方法如下。

- Grid:并行多图,在同一画布中显示多张图。
- Page:顺序多图,在同一网页中按顺序展示多图,常应用于绘制大数据看板。
- Tab:选项卡多图,可以通过单击选项卡查看不同图形。
- Timeline:时间线轮播多图,可以动态展示数据变化。

组合图形引入方法和基本图形一致:

```
from pyecharts.charts import Grid,Page,Tab,Timeline
```

组合图形绘图流程如下。

- 引入 Grid、Page、Tab、Timeline 组合方法及具体图表类型。
- 绘制单个图形。
- 初始化组合图形。
- 使用 add() 添加需要展示的图形,并设置显示位置。
- 展示组合图形。

① 并行多图 Grid。

Grid 常用配置项为直角坐标系网格配置项:

```
grid_opts=opts.GridOpts()
```

其常用参数见表 4-2-9。

表 4-2-9 Grid 常用配置参数

常用参数	说明
is_show	是否显示直角坐标系网格,默认为 False
pos_left	grid 组件离容器左侧的距离
pos_right	grid 组件离容器右侧的距离
pos_top	grid 组件离容器上侧的距离
pos_bottom	grid 组件离容器下侧的距离

使用 Grid 组合图形,第一个添加的图形必须为直角坐标系图表,即有 x、y 轴的图形(如折线图、柱状图等),其他位置顺序任意。

例 4-2-10 在例 4-2-7 的基础上,使用 Pyecharts 绘制毛利率折线图、权益净利率 & 总资产净利率柱状图,并使用 Grid 将两个图形组合在一起(上下组合)。

```
#引入 Grid
from pyecharts.charts import Grid

#绘制毛利率折线图
line2=Line()
line2.add_xaxis(x)
line2.add_yaxis('毛利率',y2)
line2.set_global_opts(title_opts=opts.TitleOpts(title='2020 年
                毛利率',pos_left='center'),
                legend_opts=opts.LegendOpts(pos_top='5%'))
line2.set_series_opts(label_opts=opts.LabelOpts(is_show=
                False))

#绘制权益净利率 & 总资产净利率柱状图
bar2=Bar()
bar2.add_xaxis(x)
bar2.add_yaxis('权益净利率',y4)
bar2.add_yaxis('总资产净利率',y5)
bar2.set_global_opts(title_opts=opts.TitleOpts(title='2020 年权
                益净利率 & 总资产净利率',pos_left='center',pos
                _top='48%'),
                legend_opts=opts.LegendOpts(pos_top=
                '53%'))
bar2.set_series_opts(label_opts=opts.LabelOpts(is_show=False))
```

```
#组合图形
grid1=Grid()
grid1.add(line2,grid_opts=opts.GridOpts(pos_bottom='60%'))
grid1.add(bar2,grid_opts=opts.GridOpts(pos_top='60%'))

#展示组合图形
grid1.render_notebook()
```

运行结果如图 4-2-10 所示：

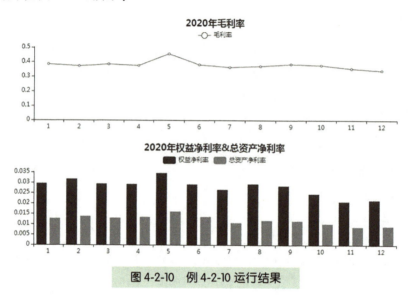

图 4-2-10　例 4-2-10 运行结果

② 顺序多图 Page。

Page()常用参数：layout(布局配置项)，即页面布局。

```
layout=Page.SimplePageLayout
                    # 简单页面布局,默认选项
layout=Page.DraggablePageLayout
                    # 可拖动页面布局,子图可调节位置
```

Pyecharts 组合图形

例 4-2-11　将例 4-2-8、例 4-2-9、例 4-2-10 绘制的图形用 Page()函数组合在一起，并设置可拖动页面布局。

```
#引入 Page
from pyecharts.charts import Page
```

```
#组合图形
page1=Page(layout=Page.DraggablePageLayout)
page1.add(line1,grid1,pie)

#生成文件
page1.render('2020年盈利能力指标统计.html')
```

layout 参数设置为 Page.DraggablePageLayout，生成的 html 文件可调节图形位置，图形按照添加的顺序进行排列，顺序决定图形的层级，越靠前的图形，层级越低，反之越高，可根据可视化展示需求调整图形顺序。

打开"2020 年盈利能力指标统计.html"，根据可视化需求调整各图形的位置（可任意缩放大小），调节好后单击左上角"Save Config"，如图 4-2-11 所示。

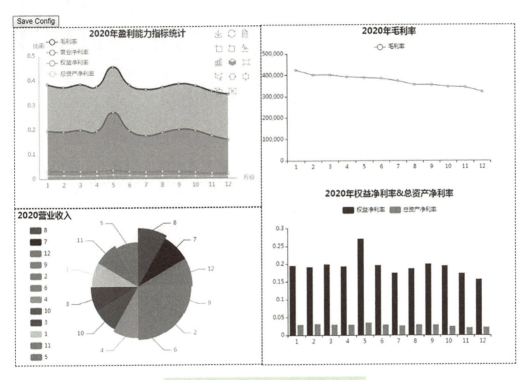

图 4-2-11　例 4-2-11 运行结果(1)

单击"Save Config"后会在此网页上下载一个 chart_config.json 配置文件，将该文件上传至 jupyter 文件夹后，按以下代码操作：

```
#生成调整好的html文件
page1.save_resize_html('2020年盈利能力指标统计.html',
                      cfg_file='chart_config.json',
                      dest='2020年盈利能力指标统计2.html');
```

运行上述代码后,即生成如图 4-2-12 所示的组合图形:

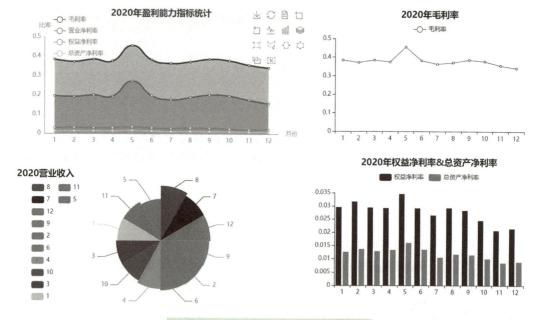

图 4-2-12　例 4-2-11 运行结果(2)

知识点拨

(1)部分浏览器单击"Save Config"无法下载 json 配置文件,这时可以先将"2020 年盈利能力指标统计.html"下载到本地计算机,再使用浏览器打开文件即可进行调整。

(2)渲染配置 json 数据中是以 chart_id 来作为一个图形的唯一标识符,若未指定每个图形的 chart_id,则重复运行代码时,默认的 chart_id 将发生变化,所以,如果需要复用调整好的渲染模板,则需要指定各图形的 chart_id,且需要注意 chart_id 不可与 render_notebook( )同时使用。

③ 选项卡多图 Tab。

Tab:选项卡多图,仅需将图形逐一添加即可。

例 4-2-12　将例 4-2-8、例 4-2-9、例 4-2-10 绘制的图形用 Tab( )函数组合在一起。

```
#引入 Tab
from pyecharts.charts import Tab

#选项卡多图
tab=Tab()
tab.add(pie,'饼图')
tab.add(line1,'面积图')
tab.add(grid1,'并行多图')
```

```
#展示图形
tab.render_notebook()
```

运行结果如图 4-2-13 所示：

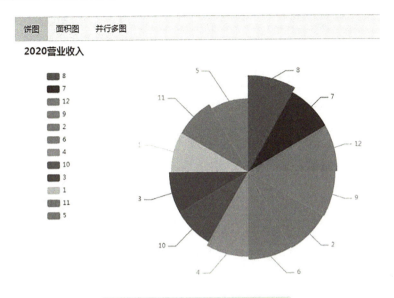

图 4-2-13　例 4-2-12 运行结果

④ 时间线轮播多图 Timeline。

Timeline：时间线轮播多图，绘制各期图形后按时间线添加即可。

例 4-2-13　绘制 2019 年营业收入饼图，并将例 4-2-8 绘制的 2020 年营业收入饼图按时间线组合。

```
#引入 Timeline
from pyecharts.charts import Timeline

#数据准备
df_2019=df3.loc[df3['年']=='2019',['月','营业收入']].sort_values(
                '营业收入',ascending=False)
df_sorted=df_2020.sort_values('营业收入',ascending=False)

#绘制 2019 年饼图
x_2019=df_2019['月'].tolist()
y_2019=df_2019['营业收入'].tolist()
data_2019=[z for z in zip(x_2019,y_2019)]
pie_2019=Pie()
```

```
pie_2019.add('营业收入',data_2019,rosetype='area')
pie_2019.set_global_opts(title_opts=opts.TitleOpts(title='2020
                         营业收入'),
         legend_opts=opts.LegendOpts(pos_left='5%',pos_top=
                                    '10%',orient='vertical'))

#绘制2020年饼图
x_2020=df_sorted['月'].tolist()
y_2020=df_sorted['营业收入'].tolist()
data_2020=[z for z in zip(x_2020,y_2020)]
pie_2020=Pie()
pie_2020.add('营业收入',data_2020,rosetype='area')

#时间线轮播多图
timeline=Timeline()
timeline.add(pie_2019,'2019年')
timeline.add(pie_2020,'2020年')

#展示图形
timeline.render_notebook()
```

运行结果如图4-2-14所示：

图4-2-14　例4-2-13运行结果

5. Matplotlib 与 Pyecharts 对比(表 4-2-10)

表 4-2-10　Matplotlib 与 Pyecharts 对比

可视化工具	优势	劣势
Matplotlib	(1)可直接对 DataFrame 数组作图 (2)绘图质量高(可以设定 dpi) (3)支持分区绘图	不支持交互式点击查看
Pyecharts	(1)高度灵活的配置项、多种主题类型,可轻松搭配精美的图表,视觉效果美观 (2)支持交互式展示,提供了图例、工具箱等交互组件,可对数据进行多维度筛选、缩放、细节展示等交互操作	不支持数组作图,使用 DataFrame 数据作图前需要进行格式转换

项目五　实战演练

任务一　实战演练 1

实战演练_1

一、案例背景

北京科云有限公司是一家以经营特色火锅为主的大型跨省直营餐饮企业,截至 2020 年年底,全国连锁店已达 330 家。公司 2019—2020 年经营信息存储于"szyl_1.xlsx"文件。

二、总体要求

读取 Excel 文件 szyl_1.xlsx,分析经营数据,并对全国区域销售情况进行可视化呈现。URL 地址:

https://keyun-oss.acctedu.com/app/bigdata/basics/szyl_1.xlsx

(一) 数据采集

分别读取 szyl_1.xlsx 文件中的"2019 年营业收入""2020 年营业收入""门店所属省份"三张工作表,并查看读取数据(默认显示前 5 行数据)。

1. 读取"2019 年营业收入"数据

代码如下:

```
#引入规则
import pandas as pd
from pyecharts.charts import Map,Pie,Timeline
from pyecharts import options as opts
from pyecharts.globals import ThemeType

#读取"2019 年营业收入"数据
df_2019=pd.read_excel('https://keyun-oss.acctedu.com/app/bigda-
                      ta/basics/szyl_1.xlsx',
                      sheet_name='2019 年营业收入',
                      index_col=[0,1])
df_2019.head()
```

运行结果如图 5-1-1 所示:

		1月	2月	3月	4月	5月	6月	7月	8月	9月	10月	11月	12月
门店	科目												
1号店	营业收入	273450.0	718253.0	318796.0	341763.0	608068.0	325080.0	152911.0	301283.0	785336.0	147871.0	525155.0	627968
2号店	营业收入	805628.0	719320.0	506380.0	676388.0	245566.0	837119.0	738729.0	375347.0	666682.0	150955.0	344915.0	437756
3号店	营业收入	986175.0	875573.0	629588.0	545712.0	151329.0	735634.0	777720.0	465508.0	328199.0	666466.0	475137.0	877287
4号店	营业收入	374091.0	117415.0	311340.0	768632.0	806060.0	182052.0	109480.0	448730.0	396127.0	107629.0	423588.0	456529
5号店	营业收入	874801.0	541618.0	542361.0	357146.0	522306.0	275237.0	811885.0	941866.0	550747.0	628605.0	227298.0	849370

图 5-1-1　读取"2019年营业收入"数据运行结果

2. 读取"2020年营业收入"数据

代码如下：

```
#读取"2020年营业收入"数据
df_2020=pd.read_excel('https://keyun-oss.acctedu.com/app/bigda-
                ta/basics/szyl_1.xlsx',
                sheet_name='2020年营业收入',
                index_col=[0,1])
df_2020.head()
```

运行结果如图 5-1-2 所示：

		1月	2月	3月	4月	5月	6月	7月	8月	9月	10月	11月	12月
门店	科目												
1号店	营业收入	857535.0	352796.0	190310.0	926364.0	674840.0	473149.0	251469.0	963424.0	400691.0	690033.0	849129	605148
2号店	营业收入	478578.0	369306.0	774567.0	678813.0	846808.0	266991.0	882751.0	524879.0	797000.0	762243.0	297832	691529
3号店	营业收入	789076.0	502520.0	562920.0	241603.0	642172.0	913309.0	281975.0	616445.0	592729.0	425770.0	723612	237423
4号店	营业收入	898877.0	119562.0	104056.0	664593.0	781259.0	521707.0	208623.0	811008.0	517246.0	176759.0	246749	744500
5号店	营业收入	596099.0	120132.0	557297.0	671190.0	757949.0	601457.0	279168.0	451395.0	304240.0	944159.0	239638	387950

图 5-1-2　读取"2020年营业收入"数据运行结果

3. 读取"门店所属省份"数据

代码如下：

```
#读取"门店所属省份"数据
df_province=pd.read_excel('https://keyun-oss.acctedu.com/app/
                bigdata/basics/szyl_1.xlsx',
                sheet_name='门店所属省份',index_col=0)
df_province.head()
```

运行结果如图 5-1-3 所示：

门店	省份
1号店	广东
2号店	北京
3号店	广东
4号店	北京
5号店	上海

图 5-1-3 读取"门店所属省份"数据运行结果

(二) 数据分析

分别计算 2019 年、2020 年各门店全年营业收入合计,并根据省份进行分组,统计各省份门店数量及营业收入合计,按营业收入降序排序,查看分析结果(默认显示前 5 行数据)。

1. 2019 年数据分析

代码如下:

```
#2019年各门店营业收入合计
df_2019['2019年营业收入']=df_2019.loc[:,"1月":"12月"].sum(axis=1)

#连接df_2019,df_province
df_2019_pro=pd.merge(df_2019,df_province,on='门店')

#提取所需信息列
df_2019_pro=df_2019_pro[['2019年营业收入','省份']]

#根据省份分组,统计各省份门店数量及营业收入合计
df_2019_pro=df_2019_pro.reset_index().groupby('省份')
            .agg({'门店':'count','2019年营业收入':'sum'})

#营业收入按降序排序
df_2019_pro=df_2019_pro.sort_values('2019年营业收入',ascending=
                        False)

#查看前5行
df_2019_pro.head()
```

运行结果如图 5-1-4 所示：

省份	门店	2019年营业收入
北京	45	288024946.0
广东	39	251623269.0
上海	34	222697334.0
江苏	32	211426155.0
浙江	24	156469934.0

图 5-1-4　2019 年数据分析运行结果

2. 2020 年数据分析

代码如下：

```
#2020 年各门店营业收入合计
df_2020['2020 年营业收入']=df_2020.loc[:,"1 月":"12 月"].sum(axis=1)

#连接 df_2020,df_province
df_2020_pro=pd.merge(df_2020,df_province,on='门店')

#提取所需信息列
df_2020_pro=df_2020_pro[['2020 年营业收入','省份']]

#根据省份分组,统计各省份门店数量及营业收入合计
df_2020_pro=df_2020_pro.reset_index().groupby('省份').agg({'门店':'count','2020 年营业收入':'sum'})

#营业收入按降序排序
df_2020_pro=df_2020_pro.sort_values('2020 年营业收入',ascending=False)

#查看前 5 行
df_2020_pro.head()
```

运行结果如图 5-1-5 所示：

省份	门店	2020年营业收入
北京	45	289888217.0
广东	39	254612970.0
上海	34	221469965.0
江苏	32	205669945.0
浙江	24	157971229.0

图 5-1-5　2020 年数据分析运行结果

（三）数据可视化

根据数据分析结果，使用 Pyecharts 进行可视化呈现。

1. 门店统计地图

绘制 2019—2020 年"门店统计地图"，代码如下：

```
#门店统计地图
#数据准备
province_2019=df_2019_pro.index
province_2020=df_2020_pro.index
num_2019=df_2019_pro['门店'].tolist()
num_2020=df_2020_pro['门店'].tolist()
mapData_2019=[z for z in zip(province_2019,num_2019)]
mapData_2020=[z for z in zip(province_2020,num_2020)]

#绘制图形
timeline_map=Timeline()
map_2019=Map()
map_2019.add('2019年门店数量',mapData_2019,'china')
map_2019.set_global_opts(title_opts=opts.TitleOpts(title='门店
                统计地图'),
        legend_opts=opts.LegendOpts(is_show=False),
        visualmap_opts=opts.VisualMapOpts(max_=50,
            is_piecewise=True))    #设置分段显示
map_2020=Map()
map_2020.add('2020年门店数量',mapData_2020,'china')
timeline_map.add(map_2019,'2019年')
timeline_map.add(map_2020,'2020年')
timeline_map.render_notebook()
```

2. 地区销售排行

绘制2019—2020年"地区销售排行"（图形类型为：玫瑰饼图），代码如下：

```
#地区销售排行
#数据准备
income_2019=df_2019_pro['2019年营业收入'].tolist()
income_2020=df_2020_pro['2020年营业收入'].tolist()
incomeData_2019=[z for z in zip(province_2019,income_2019)]
incomeData_2020=[z for z in zip(province_2020,income_2020)]

#绘制图形
timeline_pie=Timeline()
pie_2019=Pie()
pie_2019.add('2019年营业收入',incomeData_2019,rosetype='area')
pie_2019.set_global_opts(title_opts=opts.TitleOpts(title='地区
                                                  销售排行'),
    legend_opts=opts.LegendOpts(pos_left='left',pos_top='10%',
                                                  orient='vertical'))
pie_2020=Pie()
pie_2020.add('2020年营业收入',incomeData_2020,rosetype='area')
timeline_pie.add(pie_2019,'2019年')
timeline_pie.add(pie_2020,'2020年')
timeline_pie.render_notebook()
```

运行结果如图5-1-6所示：

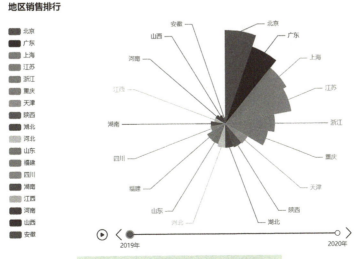

图5-1-6　地区销售排行运行结果

任务二 实战演练 2

实战演练_2

一、总体要求

登录"科云大数据中心",爬取"汤臣倍健股份有限公司"的资产负债表及利润表,并对近 5 年资产负债表结构、近 10 年利润表主要项目"环比增长率"进行可视化呈现。

(一) 数据采集

使用科云第三方库的爬虫函数 spider() 爬取"汤臣倍健股份有限公司"的资产负债表及利润表。

代码如下:

```python
#引入规则
from keyun.utils import *          #科云第三方库
import pandas as pd
from pyecharts.charts import Line,Bar,Pie,Timeline
from pyecharts import options as opts

#爬取数据
spider('https://keyun-oss.acctedu.com/app/bigdata/2019/company/year/zcfzb_300146.csv','zcfzb_300146.csv')
spider('https://keyun-oss.acctedu.com/app/bigdata/2019/company/year/lrb_300146.csv','lrb_300146.csv')
```

运行结果如下:

```
文件:zcfzb_300146.csv 下载成功!
文件:lrb_300146.csv 下载成功!
```

(二) 数据清洗

使用科云第三方库的数据清洗函数 dataClean(),对资产负债表、利润表的空值、异常值进行清洗,并对清洗后的数据进行保存,查看前 5 行数据。

1. 清洗资产负债表

代码如下:

```python
#资产负债表清洗
df_z=pd.read_csv('zcfzb_300146.csv')
```

```
df_z=df_z.dropna(axis=1).applymap(dataClean)
df_z.to_csv('300146_z_clean.csv',index=None)

#查看资产负债表前5行数据
df_z.head()
```

运行结果如图5-2-1所示：

报告日期	2019-12-31	2018-12-31	2017-12-31	2016-12-31	2015-12-31	2014-12-31	2013-12-31	2012-12-31	2011-12-31	2010-12-31	2009-12-31	2008-12-31	2007-12-31
0 货币资金(万元)	182155.0	181300.0	265483.0	201563.0	144364.0	153704.0	153018.0	124616.0	135106.0	150360.0	4109.0	2107.0	746.0
1 结算备付金(万元)	0.0	0.0	0.0	0.0	0.0	0.0	0.0	0.0	0.0	0.0	0.0	0.0	0.0
2 拆出资金(万元)	0.0	0.0	0.0	0.0	0.0	0.0	0.0	0.0	0.0	0.0	0.0	0.0	0.0
3 交易性金融资产(万元)	69000.0	0.0	0.0	0.0	0.0	0.0	0.0	0.0	0.0	0.0	0.0	0.0	243.0
4 衍生金融资产(万元)	0.0	0.0	0.0	0.0	0.0	0.0	0.0	0.0	0.0	0.0	0.0	0.0	0.0

图 5-2-1　清洗资产负债表运行结果

2. 清洗利润表

代码如下：

```
#利润表清洗
df_l=pd.read_csv('lrb_300146.csv')
df_l=df_l.dropna(axis=1).applymap(dataClean)
df_l.to_csv('300146_l_clean.csv',index=None)

#查看资产负债表前5行数据
df_l.head()
```

运行结果如图5-2-2所示：

报告日期	2019-12-31	2018-12-31	2017-12-31	2016-12-31	2015-12-31	2014-12-31	2013-12-31	2012-12-31	2011-12-31	2010-12-31	2009-12-31	2008-12-31	2007-12-31
0 营业总收入(万元)	526180.0	435078.0	311080.0	230911.0	226604.0	170498.0	148224.0	106669.0	65796.0	34608.0	20529.0	14186.0	6685.0
1 营业收入(万元)	526180.0	435078.0	311080.0	230911.0	226604.0	170498.0	148224.0	106669.0	65796.0	34608.0	20529.0	14186.0	6685.0
2 利息收入(万元)	0.0	0.0	0.0	0.0	0.0	0.0	0.0	0.0	0.0	0.0	0.0	0.0	0.0
3 已赚保费(万元)	0.0	0.0	0.0	0.0	0.0	0.0	0.0	0.0	0.0	0.0	0.0	0.0	0.0
4 手续费及佣金收入(万元)	0.0	0.0	0.0	0.0	0.0	0.0	0.0	0.0	0.0	0.0	0.0	0.0	0.0

图 5-2-2　清洗利润表运行结果

（三）数据分析

1. 资产负债表分析

分别对近5年资产结构、负债与权益结构进行计算分析（仅考虑流动资产、非流动资产、流动负债、非流动负债、所有者权益）。代码如下：

```python
#数据筛选：选择近5年所需数据项
df_z=pd.read_csv('300146_z_clean.csv')

df_z=df_z.set_index('报告日期').loc[['流动资产合计(万元)',
                    '非流动资产合计(万元)',
                    '资产总计(万元)',
                    '流动负债合计(万元)',
                    '非流动负债合计(万元)',
                    '负债合计(万元)',
                    '所有者权益(或股东权益)合计(万元)',
                    '负债和所有者权益(或股东权益)总计(万元)']].iloc
                    [:,:5]

#资产结构分析
df_z.loc['流动资产占比']=df_z.loc['流动资产合计(万元)']
                    / df_z.loc['资产总计(万元)']

df_z.loc['非流动资产占比']=df_z.loc['非流动资产合计(万元)']
                    / df_z.loc['资产总计(万元)']

#负债和所有者权益结构分析
df_z.loc['流动负债占比']=df_z.loc['流动负债合计(万元)']
                    / df_z.loc['负债和所有者权益(或股东权益)总计
                    (万元)']

df_z.loc['非流动负债占比']=df_z.loc['非流动负债合计(万元)']
                    / df_z.loc['负债和所有者权益(或股东权益)总计(万元)']

df_z.loc['所有者权益占比']=df_z.loc['所有者权益(或股东权益)合计(万元)']
                    / df_z.loc['负债和所有者权益(或股东权益)总计(万元)']

#查看结果
df_z
```

运行结果如图 5-2-3 所示：

报告日期	2019-12-31	2018-12-31	2017-12-31	2016-12-31	2015-12-31
流动资产合计(万元)	380791.000000	409563.000000	405846.000000	322951.000000	313511.000000
非流动资产合计(万元)	452280.000000	569481.000000	205515.000000	209885.000000	177030.000000
资产总计(万元)	833071.000000	979045.000000	611361.000000	532836.000000	490541.000000
流动负债合计(万元)	175690.000000	149118.000000	91259.000000	60629.000000	33479.000000
非流动负债合计(万元)	64242.000000	141131.000000	6906.000000	1838.000000	1676.000000
负债合计(万元)	239932.000000	290250.000000	98165.000000	62466.000000	35155.000000
所有者权益(或股东权益)合计(万元)	593139.000000	688795.000000	513196.000000	470370.000000	455386.000000
负债和所有者权益(或股东权益)总计(万元)	833071.000000	979045.000000	611361.000000	532836.000000	490541.000000
流动资产占比	0.457093	0.418329	0.663840	0.606098	0.639113
非流动资产占比	0.542907	0.581670	0.336160	0.393902	0.360887
流动负债占比	0.210894	0.152310	0.149272	0.113785	0.068249
非流动负债占比	0.077115	0.144152	0.011296	0.003449	0.003417
所有者权益占比	0.711991	0.703538	0.839432	0.882767	0.928334

图 5-2-3　资产负债表分析运行结果

2. 资产结构

代码如下：

```
#资产结构
df_z1=df_z.loc[['流动资产占比','非流动资产占比']]
df_z1
```

运行结果如图 5-2-4 所示：

报告日期	2019-12-31	2018-12-31	2017-12-31	2016-12-31	2015-12-31
流动资产占比	0.457093	0.418329	0.66384	0.606098	0.639113
非流动资产占比	0.542907	0.581670	0.33616	0.393902	0.360887

图 5-2-4　资产结构运行结果

3. 负债和所有者权益结构

代码如下：

```
#负债和所有者权益结构
df_z2=df_z.loc[['流动负债占比','非流动负债占比','所有者权益占比']]
df_z2
```

运行结果如图 5-2-5 所示：

	2019-12-31	2018-12-31	2017-12-31	2016-12-31	2015-12-31
报告日期					
流动负债占比	0.210894	0.152310	0.149272	0.113785	0.068249
非流动负债占比	0.077115	0.144152	0.011296	0.003449	0.003417
所有者权益占比	0.711991	0.703538	0.839432	0.882767	0.928334

图 5-2-5　负债和所有者权益结构运行结果

4. 利润表分析

计算近 11 年营业总收入、营业利润环比增长率，代码如下：

```
#数据筛选：选择近11年所需数据项
df_l=pd.read_csv('300146_l_clean.csv')
df_l=df_l.set_index('报告日期').loc[['营业总收入(万元)','营业利润(万元)']].iloc[:,:11]

#计算环比增长率
df_l=df_l.pct_change(-1,axis=1)

#删除全部为空的数据列
df_l=df_l.dropna(axis=1,how='all')
df_l
```

运行结果如图 5-2-6 所示：

	2019-12-31	2018-12-31	2017-12-31	2016-12-31	2015-12-31	2014-12-31	2013-12-31	2012-12-31	2011-12-31	2010-12-31
报告日期										
营业总收入(万元)	0.209392	0.398605	0.347186	0.019007	0.329071	0.150273	0.38957	0.621208	0.901179	0.685810
营业利润(万元)	-1.422111	0.255294	0.381438	-0.117920	0.300879	0.102070	0.51566	0.525757	1.023453	0.750855

图 5-2-6　利润表分析运行结果

（四）数据可视化

使用 Pyecharts 对统计数据进行可视化呈现。

1. 资产负债表结构

根据资产负债表结构数据，绘制多时间线双饼图，图形标题为"资产负债表结构"，代码如下：

```
#资产负债表结构分析
timeline=Timeline()

#循环绘制各年饼图
for i in df_z1.columns:
    key1=df_z1.index
    value1=df_z1[i].tolist()
    key2=df_z2.index
    value2=df_z2[i].tolist()
    pie=Pie()
    pie.add('资产结构',[z for z in zip(key1,value1)],
            center=['27%','50%'],radius=[80,120])
    pie.add('负债和所有者权益结构',[z for z in zip(key2,value2)],
            center=['72%','50%'],radius=[80,120])
    pie.set_global_opts(title_opts=opts.TitleOpts(title=
                        '资产负债表结构',pos_left='center'),
                        legend_opts = opts.LegendOpts (pos_top =
                        '5%'))timeline.add(pie,i)

#展示图形
timeline.render_notebook()
```

运行结果如图 5-2-7 所示：

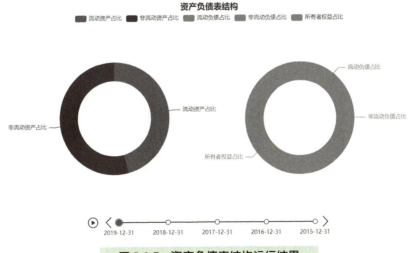

图 5-2-7　资产负债表结构运行结果

2. 营业收入、营业利润环比增长率

根据营业收入、营业利润环比增长率,绘制层叠图形,图形标题为"营业收入 & 营业利润环比增长率",代码如下:

```
#数据转换
x=['{}'.format(2019-i) for i in range(0,10)]
y1=df_1.loc['营业总收入(万元)'].tolist()
y2=df_1.loc['营业利润(万元)'].tolist()

#绘制柱状图
bar=Bar()
bar.add_xaxis(x)
bar.add_yaxis('营业收入',y1)
bar.set_global_opts(title_opts=opts.TitleOpts('营业收入 & 营业利润
                    环比增长率',pos_left='center'),
                    legend_opts=opts.LegendOpts(pos_top='5%'),
                    xaxis_opts=opts.AxisOpts(name='年'),
                    toolbox_opts=opts.ToolboxOpts(is_show=
                    True))

bar.set_series_opts(label_opts=opts.LabelOpts(is_show=False))

#绘制折线图
line=Line()
line.add_xaxis(x)

#控制图形的前后顺序,z 值小的图形会被 z 值大的图形覆盖,柱状图默认为 2
line.add_yaxis('营业利润',y2,z=2)

line.set_series_opts(label_opts=opts.LabelOpts(is_show=False),
                     linestyle_opts=opts.LineStyleOpts(width=3))

bar.overlap(line)          #层叠多图
bar.render_notebook()      #展示图形
```

运行结果如图 5-2-8 所示：

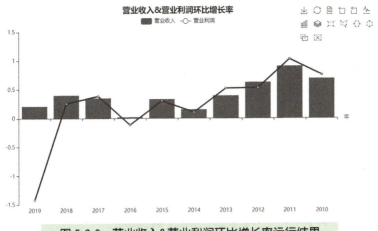

图 5-2-8　营业收入&营业利润环比增长率运行结果

任务三　实战演练 3

实战演练_3

一、总体要求

登录"科云大数据中心"，爬取"采矿业"所有上市公司的"财务报表摘要"信息，并计算该行业近五年"营业净利率"指标，对该指标进行统计描述及可视化呈现。

（一）数据采集

使用科云第三方库的爬虫函数 spider( ) 爬取"采矿业"所有股票代码，根据股票代码爬取行业内所有上市公司"财务报表摘要"，并新建文件夹"行业数据"保存数据。代码如下：

```
#导入规则
from keyun.utils import *
import numpy as np
import pandas as pd
from matplotlib import pyplot as plt

#爬取行业板块数据
spider('https://keyun-oss.acctedu.com/app/bigdata/2019/block/hy002000.json','hy002000.json')

#读取行业数据,提取出所有股票代码
df_hy=pd.read_json('hy002000.json')
codeList=[df_hy['list'][i]['code'] for i in df_hy.index]
```

```
#爬取该行业中各企业财务报表摘要
for i in codeList:
    spider ('https://keyun-oss.acctedu.com/app/bigdata/2019/
            company/year/cwbbzy_'+i+'.csv','./行业数据/'+i+'_cwb-
            bzy.csv')
```

运行结果如下(截取部分数据)：

```
文件：hy002000.json 下载成功！
文件：./行业数据/600777_cwbbzy.csv 下载成功！
文件：./行业数据/000552_cwbbzy.csv 下载成功！
文件：./行业数据/600121_cwbbzy.csv 下载成功！
文件：./行业数据/600403_cwbbzy.csv 下载成功！
文件：./行业数据/600871_cwbbzy.csv 下载成功！
文件：./行业数据/300164_cwbbzy.csv 下载成功！
文件：./行业数据/600759_cwbbzy.csv 下载成功！
文件：./行业数据/300084_cwbbzy.csv 下载成功！
文件：./行业数据/000506_cwbbzy.csv 下载成功！
文件：./行业数据/601225_cwbbzy.csv 下载成功！
文件：./行业数据/600711_cwbbzy.csv 下载成功！
```

(二) 数据清洗

使用科云第三方库的数据清洗函数 dataClean()，对空值、异常值进行清洗，并新建文件夹"行业数据清洗"保存清洗后的数据。代码如下：

```
#数据清洗
for i in codeList:
    df_data=pd.read_csv('./行业数据/'+i+'_cwbbzy.csv')
    df_data=df_data.dropna(axis=1).applymap(dataClean)
    df_data.to_csv('./行业数据清洗/'+i+'_cwbbzy.csv',index=None)
```

运行代码后，清洗好的数据即保存至指定文件夹。

(三) 数据分析

根据行业上市公司"财务报表摘要"信息，计算该行业近五年"营业净利率"指标，并使用 describe() 函数对该指标进行统计描述。代码如下：

```
#营业净利率指标统计描述
resultList=[]        #存储计算结果

for i in codeList:
    df_data=pd.read_csv('./行业数据清洗/'+i+'_cwbbzy.csv')
    df_data=df_data.set_index('报告期').loc[['营业收入(万元)',
                               '净利润(万元)']].iloc[:,:5]
    df_data.loc['营业净利率']=df_data.loc['净利润(万元)']
                            /df_data.loc['营业收入(万元)']

    resultList.append(df_data.loc['营业净利率'])    #将计算结果增加
                                                  至列表


df_result=pd.DataFrame(resultList)

#将计算结果中的正负无穷大的元素替换为空值,不参与统计
df_result=df_result.replace(np.inf,np.nan).replace(-np.inf,
np.nan)

#生成统计描述信息,并将行列索引互换
df_result=df_result.describe().stack().unstack(0)

df_result=df_result.reset_index().rename(columns={'index':'报
告期'})
df_result['报告期']=['{}'.format(2019-i) for i in range(5)]
df_result
```

运行结果如图 5-3-1 所示:

	报告期	count	mean	std	min	25%	50%	75%	max
0	2019	77.0	0.063847	0.164816	-0.957974	0.022695	0.056222	0.129542	0.377626
1	2018	77.0	0.028763	0.274158	-1.321741	0.013547	0.052090	0.116798	0.641535
2	2017	77.0	0.079819	0.158169	-0.618167	0.018249	0.060411	0.149643	0.451363
3	2016	77.0	0.006533	0.261786	-0.909910	0.011720	0.033664	0.113675	0.482867
4	2015	77.0	-0.023180	0.289721	-1.240845	-0.026252	0.015592	0.079491	0.870414

图 5-3-1 指标统计描述运行结果

(四)数据可视化

使用 Matplotlib 对统计数据进行可视化呈现,将四分位数以柱状图展示,均值、标准差、最大值、最小值以折线图展示,并绘制柱状-折线组合图形。代码如下:

```
#创建子图
fig,ax=plt.subplots(2,1,sharex=True,figsize=(12,8),dpi=80)

#绘制柱状图
df_result.plot('报告期',['25%','50%','75%'],ax=ax[0],kind='bar',
               title='采矿业营业净利率统计描述-四分位数',
               color=['red','gold','green'])

#绘制折线图
df_result.plot('报告期',['mean','std','min','max'],ax=ax[1],
               title='采矿业营业净利率统计描述-其他项',marker='o',
               linestyle='--',linewidth='3');
```

运行结果如图 5-3-2 所示：

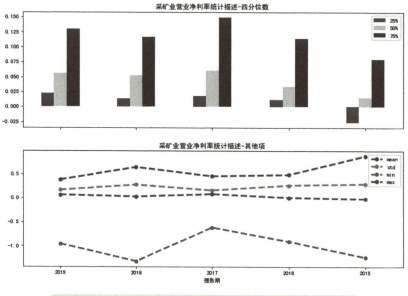

图 5-3-2　运用 Matplotlib 对统计数据进行可视化呈现

任务四　实战演练 4

实战演练_4

一、案例背景

北京科云有限公司是一家集绿色休闲食品研发、精细加工及终端零售于一体的综合型企业，公司相关经营信息如下：

产品类别：肉类零食、坚果炒货、糖果糕点、果干果脯；

产品销售地区：华东、华南、华中、华北、西北、西南、东北；
产品销售渠道：天猫、京东、直营店；
适用增值税税率：13%；
产品平均单位成本见表5-4-1。

表5-4-1 产品平均单位成本

产品类别	单位成本	产品类别	单位成本
肉类零食	28元/件	糖果糕点	21元/件
坚果炒货	52元/件	果干果脯	9元/件

二、总体要求

使用Random模块生成测试数据，进行多维度盈利能力分析及可视化呈现。

（一）数据采集

根据经营信息，使用Random模块随机生成15 000条测试数据（默认查看前5行数据），每条数据包括如下信息：

info=['订单号','产品类别','地区','销售渠道','销售数量','含税单价','含税金额']

其中，订单号为00001—15000，随机生成的产品"含税单价"区间见表5-4-2。

表5-4-2 产品"含税单价"区间

产品类别	最低含税单价	最高含税单价	产品类别	最低含税单价	最高含税单价
肉类零食	40元/件	50元/件	糖果糕点	25元/件	40元/件
坚果炒货	70元/件	90元/件	果干果脯	10元/件	25元/件

代码如下：

```
#引入库
import random
import pandas as pd
from pyecharts.charts import Bar,Pie,Tab,Grid
from pyecharts import options as opts

#数据信息
info=['订单号','产品类别','地区','销售渠道','销售数量','含税单价','含税金额']
```

```python
#自定义函数：生成单条测试数据
def testData(num):
    orderNum='%05d'%num         #'%0nd':输出的整型宽度至少为n位,不足n位用0填充
    product = random.choice(['肉类零食','坚果炒货','糖果糕点','果干果脯'])
    region = random.choice(['华东','华南','华中','华北','西北','西南','东北'])
    channel=random.choice(['天猫','京东','直营店'])
    salesVolumes=random.randint(1,500)
    if product=='肉类零食':
        unitPrice=random.randint(40,50)
    elif product=='坚果炒货':
        unitPrice=random.randint(70,90)
    elif product=='糖果糕点':
        unitPrice=random.randint(25,40)
    else:
        unitPrice=random.randint(10,25)
    amount=salesVolumes* unitPrice
    return [orderNum,product,region,channel,salesVolumes,unitPrice,amount]

#生成15000条测试数据
dataList=[]
for num in range(1,15001):
    dataList.append(testData(num))

#创建DataFrame,并读取前5行
df=pd.DataFrame(dataList,columns=info)
df.head()
```

运行结果如图5-4-1所示：

	订单号	产品类别	地区	销售渠道	销售数量	含税单价	含税金额
0	00001	糖果糕点	西北	京东	411	27	11097
1	00002	坚果炒货	华北	直营店	260	75	19500
2	00003	肉类零食	华中	京东	260	48	12480
3	00004	肉类零食	华南	天猫	282	48	13536
4	00005	糖果糕点	华南	天猫	430	32	13760

图 5-4-1　使用 Random 模块随机生成测试数据运行结果

(二) 数据分析

根据相关信息,进行多维度盈利能力分析。

1. 计算订单毛利

计算各订单毛利(查看数据前5行),代码如下:

```
#计算订单毛利
unitCost={'肉类零食':28,'坚果炒货':52,'糖果糕点':21,'果干果脯':9}
df['单位成本']=df['产品类别'].map(unitCost)
df['营业收入']=round(df['含税金额']/(1+0.13),2)
df['营业成本']=df['销售数量']* df['单位成本']
df['毛利']=df['营业收入']-df['营业成本']
df.head()
```

运行结果如图5-4-2所示:

	订单号	产品类别	地区	销售渠道	销售数量	含税单价	含税金额	单位成本	营业收入	营业成本	毛利
0	00001	糖果糕点	西北	京东	411	27	11097	21	9820.35	8631	1189.35
1	00002	坚果炒货	华北	直营店	260	75	19500	52	17256.64	13520	3736.64
2	00003	肉类零食	华中	京东	260	48	12480	28	11044.25	7280	3764.25
3	00004	肉类零食	华南	天猫	282	48	13536	28	11978.76	7896	4082.76
4	00005	糖果糕点	华南	天猫	430	32	13760	21	12176.99	9030	3146.99

图 5-4-2　计算订单毛利运行结果

2. 按产品类别分析

按产品类别计算毛利及毛利率,并按毛利率升序进行排序。代码如下:

```
#按产品类别分析
df_p=df[['产品类别','营业收入','营业成本','毛利']].groupby('产品类别')
    .sum()
```

```
df_p['毛利率']=round(df_p['毛利']/df_p['营业收入'],4)
df_p=df_p.sort_values('毛利率')
df_p
```

运行结果如图5-4-3所示：

产品类别	营业收入	营业成本	毛利	毛利率
糖果糕点	27218969.09	19978707	7240262.09	0.2660
坚果炒货	64573446.05	47375068	17198378.05	0.2663
肉类零食	37376825.61	26288248	11088577.61	0.2967
果干果脯	14810071.68	8598807	6211264.68	0.4194

图5-4-3 按产品类别分析运行结果

3. 按地区分析

按地区计算毛利及毛利率，并按毛利率升序进行排序。代码如下：

```
#按地区分析
df_r=df[['地区','营业收入','营业成本','毛利']].groupby('地区').sum()
df_r['毛利率']=round(df_r['毛利']/df_r['营业收入'],4)
df_r=df_r.sort_values('毛利率')
df_r
```

运行结果如图5-4-4所示：

地区	营业收入	营业成本	毛利	毛利率
华南	19743099.97	14072300	5670799.97	0.2872
华北	20823213.32	14810896	6012317.32	0.2887
西北	20900715.14	14863344	6037371.14	0.2889
华东	20119298.16	14290489	5828809.16	0.2897
东北	20724303.51	14707980	6016323.51	0.2903
华中	20719637.10	14683674	6035963.10	0.2913
西南	20949045.23	14812147	6136898.23	0.2929

图5-4-4 按地区分析运行结果

4. 按销售渠道分析

按销售渠道计算毛利及毛利率，并按毛利率升序进行排序。代码如下：

```
#按销售渠道分析
df_c=df[['销售渠道','营业收入','营业成本','毛利']].groupby('销售渠道')
    .sum()
df_c['毛利率']=round(df_c['毛利']/df_c['营业收入'],4)
df_c=df_c.sort_values('毛利率')
df_c
```

运行结果如图 5-4-5 所示:

销售渠道	营业收入	营业成本	毛利	毛利率
天猫	48716651.16	34680327	14036324.16	0.2881
直营店	47003936.43	33352108	13651828.43	0.2904
京东	48258724.84	34208395	14050329.84	0.2911

图 5-4-5 按销售渠道分析运行结果

(三)数据可视化

根据数据分析结果,使用 Pyecharts 进行可视化呈现,具体如下。

(1) 分别按产品类别、地区、销售渠道三个维度绘制毛利指标饼图、毛利率指标柱状图 (x、y 轴),并使用 Grid() 将各维度饼图和柱状图进行组合。

(2) 使用 Tab() 依次添加各维度组合图形,绘制选项卡多图。

代码如下:

```
#按产品类别分析
#数据转换
p1=df_p.index.tolist()
p2=df_p['毛利'].tolist()
p3=df_p['毛利率'].tolist()
data_p=[z for z in zip(p1,p2)]

#绘制柱状图
bar_p=Bar()
bar_p.add_xaxis(p1)
bar_p.add_yaxis('毛利率',p3,category_gap='50%')

#category_gap 设置同一系列柱间距离,默认 20%
bar_p.reversal_axis()                                    #翻转 xy 轴
```

```
bar_p.set_global_opts(title_opts=opts.TitleOpts(title='毛利&毛
                                利率'),
                      legend_opts=opts.LegendOpts(is_show=
                                False),
                      xaxis_opts=opts.AxisOpts(name='毛利率'))
bar_p.set_series_opts(label_opts=opts.LabelOpts(is_show=
                                False))

#绘制饼图
pie_p=Pie()
pie_p.add('毛利',data_p,radius=[80,120],center=['75%','50%'])

#并行多图
grid_p=Grid(init_opts=opts.InitOpts(width='900px',height=
           '400px'))
grid_p.add(bar_p,grid_opts=opts.GridOpts(pos_right='50%'))
grid_p.add(pie_p,grid_opts=opts.GridOpts())

#按地区分析
#数据转换
r1=df_r.index.tolist()
r2=df_r['毛利'].tolist()
r3=df_r['毛利率'].tolist()
data_r=[z for z in zip(r1,r2)]

#绘制柱状图
bar_r=Bar()
bar_r.add_xaxis(r1)
bar_r.add_yaxis('毛利率',r3,category_gap='50%')
bar_r.reversal_axis()
bar_r.set_global_opts(title_opts=opts.TitleOpts(title='毛利&毛
                                利率'),
                      legend_opts=opts.LegendOpts(is_show=
                                False),
                      xaxis_opts=opts.AxisOpts(name='毛利率'))
bar_r.set_series_opts(label_opts=opts.LabelOpts(is_show=
                                False))
```

```
#绘制饼图
pie_r=Pie()
pie_r.add('毛利',data_r,radius=[80,120],center=['75%','50%'])

#并行多图
grid_r=Grid(init_opts=opts.InitOpts(width='900px',height=
            '400px'))
grid_r.add(bar_r,grid_opts=opts.GridOpts(pos_right='50%'))
grid_r.add(pie_r,grid_opts=opts.GridOpts())

#按销售渠道分析
#数据转换
c1=df_c.index.tolist()
c2=df_c['毛利'].tolist()
c3=df_c['毛利率'].tolist()
data_c=[z for z in zip(c1,c2)]

#绘制柱状图
bar_c=Bar()
bar_c.add_xaxis(c1)
bar_c.add_yaxis('毛利率',c3,category_gap='50%')
bar_c.reversal_axis()
bar_c.set_global_opts(title_opts=opts.TitleOpts(title='毛利&毛
                      利率'),
                      legend_opts=opts.LegendOpts(is_show=
                      False),
                      xaxis_opts=opts.AxisOpts(name='毛利率'))
bar_c.set_series_opts(label_opts=opts.LabelOpts(is_show=
False))

#绘制饼图
pie_c=Pie()
pie_c.add('毛利',data_c,radius=[80,120],center=['75%','50%'])

#并行多图
grid_c=Grid(init_opts=opts.InitOpts(width='900px',height=
            '400px'))
```

```
grid_c.add(bar_c,grid_opts=opts.GridOpts(pos_right='50%'))
grid_c.add(pie_c,grid_opts=opts.GridOpts())

#选项卡多图
tab=Tab()
tab.add(grid_p,'按产品类别分析')
tab.add(grid_r,'按地区分析')
tab.add(grid_c,'按销售渠道分析')
tab.render_notebook()
```

运行结果如图 5-4-6 所示:

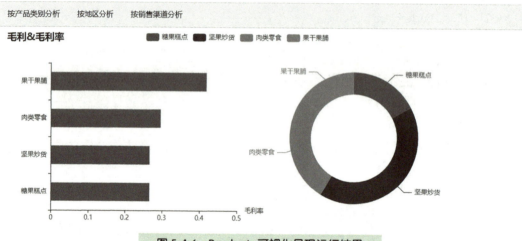

图 5-4-6　Pyecharts 可视化呈现运行结果